청소년을 위한
피터 드러커

청소년을 위한
피터 드러커

이 재 규 지음

넥스트 소사이어티의 주역이 될 청소년들을 위한 미래경영 바이블!

살림Friends

넥스트 소사이어티를 이끌 청소년들에게

흔히 우리는 요한 제바스티안 바흐(Johann Sebastian Bach, 1685 ~1750)를 서양음악의 아버지라고 부릅니다. 그리고 애덤 스미스(Adam Smith, 1723~1790)는 경제학의 아버지라고 하죠. 그러면 현대 경영학의 아버지 혹은 경영의 스승이라는 의미로 구루(guru)라고 불리는 사람은 누구일까요? 바로 피터 드러커(Peter Drucker, 1909~2005)입니다. 바흐는 320여 년 전에, 스미스는 280여 년 전에 태어났지만, 피터 드러커는 꼭 100년 전인 1909년에 태어났습니다. 그 말은 곧 현대 경영학은 서양 고전음악이나 경제학보다 훨씬 나이가 어린 학문이라는 뜻입니다.

피터 드러커는 원래 경영학자가 아니었습니다. 또 그가 활동하던 젊은 시절, 즉 1930~1940년대의 경영학은 제대로 체계를 갖춘 학문으로 자리 잡지 못했습니다. 대부분의 사람들은 생산과 판매 현장에서 겪은 경험을 바탕으로 소위 주먹구구식 방법(rule of thumbs)

으로 일을 했습니다. 따라서 경영 노하우는 마치 예술가나 특수한 전문 기술자의 비법처럼 개인만이 소유하고 있다가 전해지는 것으로 취급되었습니다.

길드, 장인조합, 혹은 노동조합에 소속된 사람들에게만 비밀스럽게 전해 내려오던 작업방법과 경영비법을, 평범한 능력과 의욕을 가진 사람이라면 누구라도 배울 수 있도록 한 사람이 바로 19세기 말과 20세기 초 활동했던 프레드릭 테일러(Frederik Winslow Taylor, 1856~1915)였습니다. 하지만 테일러는 생산 현장에서 일하는 육체노동자의 생산성을 향상시키는 데에 관심을 두었습니다.

피터 드러커는 자본과 토지와 노동이 3대 생산요소인 시대가 쇠퇴하고 지식과 정보가 주요 생산요소인 지식사회가 도래하고 있음을 파악했고, 또 노동력의 중심도 육체노동자에서 지식근로자로 이동하고 있음을 미리 예견했습니다.

경영학의 태두 피터 드러커가 그의 찬란한 업적에도 불구하고 일반 대중에게는 널리 알려져 있지 않은 사실을 안타깝게 여긴 미국의 경제 전문 방송 CNBC는 〈피터 드러커 : 지적 여행(Peter Drucker : An Intellectual Journey)〉이라는 1시간 분량의 다큐멘터리를 2002년 12월 24일, 25일, 28일, 2003년 1월 1일, 3일에 걸쳐 총 다섯 차례나 방영했습니다. 동일한 프로그램을 열흘 사이에 다섯 번이나 방영한 것은 미국 방송 사상 흔치 않은 일인데, 이는 드러커가 현대 경영학계에 미친 영향이 그만큼 크다는 방증입니다.

우리는 종종 이런 말을 합니다.

"문필가, 음악가 그리고 학자의 인생 자체가 의미 있고도 중요하게 여겨지는 경우는 거의 없다. 중요한 것은 그들의 소설, 작곡, 연주 그리고 업적이다."

하지만 피터 드러커의 인생은 두 가지 측면에서 청소년들이 관심을 가질 만합니다. 우선 드러커는 95년을 살면서 제1차 세계대전, 대공황, 나치즘, 제2차 세계대전, 20세기 후반 동구와 소련의 해체, 인터넷 시대, 9·11 테러 등을 관찰하며 수많은 선견력 있는 저술을 발표했는데, 어떻게 그런 능력을 갖게 되었는가 하는 것이 교훈으로 삼을 만합니다. 다른 하나는 무엇보다도 수명이 길어진 시대에 모범적인 지식근로자로 살다 간 드러커를 보며 청소년들이 삶의 등대로 삼을 수 있을 것입니다.

우리가 철학을 배우고 역사를 공부하는 것은, 생각하는 힘을 키우고 과거에 축적된 지식을 이용하여 미래를 위한 길잡이나 교훈으로 삼기 위해서입니다. 하지만 정년퇴직 후에도 20년 혹은 40년이나 더 사는 시대는 과거에는 없었습니다. 다시 말해 노령사회와 지식사회에 대한 전례가 역사상 없었습니다. 그런 관점에서 앞으로 경영학, 경제학 그리고 사회생태학을 공부하고 싶다거나 지식사회의 인간 모델인 지식근로자에 대해 관심을 갖고 있는 청소년들에게 이 책은 큰 도움이 되리라 생각합니다.

요약하자면, 드러커는 제1차 세계대전 직전에 오스트리아 빈에서 훌륭한 부모님의 장남으로 태어나 그곳에서 성공하기로 예정되어 있었습니다. 그러나 만약 빈에 그대로 머물렀다면 그는 나치스에게서 죽음을 면치 못했을 것입니다. 드러커는 자신의 판단으로 미래 목표를 설정하고 그 목표를 달성하기 위해 노력했습니다. 뉴욕에서 성공적으로 직업생활을 마치고 예순두 살에 정년퇴임한 후에는 캘리포니아 주로 가서 제2의 인생을 시작했습니다.

드러커는 제2의 인생 동안, 물론 일차적으로는 학자의 길을 걸었습니다. 자신이 하고 싶은 것을 성취하는 것이 아니라 사회를 위해 공헌하는 생산적인 삶을 살았습니다. 드러커는 생각〔知〕과 행동〔行〕이 일치하는, 95년이라는 긴 일생을 살면서 우리에게 다음과 같은 교훈을 남겼습니다.

"지식근로자는 자신의 개인적인 성취를 넘어 사회 발전을 위해 공헌할 바가 무엇인지 끊임없이 자신이 질문해야 한다."

여러분이 이 책을 통해 드러커가 제시하는 목표달성능력을 배우게 된다면 저도 사회에 조금이라도 공헌한 것으로 생각하겠습니다.

이 책은 제가 번역한 피터 드러커의 저서들과 『피터 드러커 평전』 『피터 드러커의 인생 경영』 그리고 『한 권으로 읽는 피터 드러커 39』(가제, 근간)를 참고하여 청소년의 눈높이에 맞추어 쓴 것입니다. 어려운 출판 환경에도 불구하고 좋은 책을 만들어 준 살림 출판사 심만수 사장님과 이남경 씨 그리고 일러스트레이터 김민우 씨에게 고마움을 전합니다.

2009년 6월
이재규

CONTENTS

Who is Peter Drucker?

1909년 11월 19일 오스트리아 빈에서 출생.

18세 빈 되블린 김나지움 졸업. 수출상사 견습생으로 근무 중 독일 함부르크 대학 법학부 입학.

19세 프랑크푸르트 대학 법학부로 전학.

20세 미국 증권회사의 프랑크푸르트 지점 근무. 「프랑크푸르트 게네랄 안차이거」 기자로 근무.

22세 프랑크루프트 대학 법학박사학위 취득.

24세 런던의 보험회사와 은행에 근무. 존 메이너드 케인스가 주재하는 세미나에 정기적으로 참석.

28세 도리스 슈미트와 결혼. 영국신문사 컨소시엄의 미국 특파원, 영국와 유럽의 은행 및 투자
     신탁회사의 고문 자격으로 미국으로 이주.

30세 뉴욕 주 사라로렌스 대학에서 경제학 및 통계학 강의. 최초의 대중적인 저서 『경제인의 종
     말』 출간.

33세~40세 버몬트 주 베닝턴 대학의 철학 및 정치학 교수 역임.

34세 GM에 대한 컨설팅 진행. 미국 국적 취득.

38세 마셜 플랜의 고문 자격으로 유럽부흥계획을 수립하는 데 참여.

41세~62세 뉴욕 대학교 경영학부 교수 역임. 「하버드 비즈니스 리뷰」에 처음으로 기고(2004년
        까지 37편 게재. 맥킨지 상 7회 수상)

42세 GE에 대한 컨설팅 진행.

45세 미국 정부의 요청으로 한국의 교육 부흥 계획을 수립하기 위해 처음으로 한국 방문. 일본
     과 일본 기업 방문(이후 1993년까지 1~2년마다 방일).

53세 일본 정부로부터 훈장 서훈.

58세 아메리카 매니지먼트 소사이어티로부터 테일러 키 수상.

62세~94세 캘리포니아 주 클레어몬트 대학원대학교 사회과학부 클라크 석좌 교수로 활동.

66세~95세 「월스트리트 저널」 정기 기고자로 활동.

68세 세계중소기업대회 키노트 스피커로 두 번째이자 마지막으로 한국 방문.

70세 뉴욕과 시애틀에서 일본화 컬렉션 전시. 퍼모나 대학에서 동양미술 강의.

78세 클레어몬트 경영대학원의 명칭을 피터 드러커 경영대학원으로 개명.

81세 드러커 비영리재단 설립 및 명예 이사장으로 재임.

85세 하버드 대학 고드킨 석좌 강사로 임용.

93세 최후의 저서 『경영의 지배』(2003) 출간.

〈상훈〉

2001년 구세군 최고 명예 에반젤린 부스 상 수상.

2002년 조지 W. 부시 대통령으로부터 대통령 자유메달 수상.

2001년~2003년 선톱 미디어(Suntop Media) 선정 '세계에서 가장 중요하고 영향력 있는 경영
            사상가'.

2002년~2003년 CNBC, 〈피터 드러커의 지적 여행〉 총 5회 방영.

2003년 미국경영협회(AMA), '리더십 비저너리 상' 수여.

2005년 11월 11일 캘리포니아 클레어몬트 자택에서 95세로 사망.

프롤로그

첫 만남에서 이별까지

　피터 드러커의 저서 『자본주의 이후의 사회(Post-Capitalist Society)』
의 번역을 의뢰받았을 때 불현듯 옛 생각이 났습니다. 대학 시절, 기업
의 목적은 이윤 추구가 아니라 봉사 동기(service motive)라고 하는 드
러커의 뉴 포디즘(New-Fordism) 주장을 두고 친구들과 논쟁을 벌였
던 일, 그리고 직장에서 기획 업무를 하던 시절, 마케팅의 기능을 고객
의 창조라고 한 것, MBO, 프로핏 센터(Profit Center) 개념 등 드러커의
독특한 견해에 매료되었던 기억이 희미하게 떠올랐습니다. 어쩌면 이
기회에 드러커 박사를 한번 만나 뵐 수도 있겠다는 생각이 들자 솔직히
나는 흥분하지 않을 수 없었습니다. 나는 용기를 내어 드러커 박사에게
팩스를 넣었습니다. 그는 친절하게도 크리스마스부터 연말까지는 언
제든지 좋다는 답신을 주었습니다.

　1992년 12월 28일 아침, 로스앤젤레스에는 보슬보슬 비가 내리
고 있었습니다. 로스앤젤레스 북쪽 그라나다 힐을 출발하여 세풀베

다 대로를 따라가다 210번 하이웨이 이스트로 들어갔습니다. 파사디나를 지날 무렵 겨울비는 그치고 도로에는 짙은 안개가 드리우고 있었습니다.

동행했던 딸이 지도를 보고 있다가 곧 210번 하이웨이가 끝나니 66번 지방도로로 꺾어야 한다고 알려 주었습니다. 사실 드러커 박사의 집주소는 진작 알고 있었지만 보다 정확을 기하기 위해 서울을 출발하기 전 약도를 보내 달라는 팩스를 넣었습니다. 그랬더니 그는 약도 대신 로스앤젤레스에서 그의 집까지 가는 길을 상세하게 설명한 답신을 보내 준 것입니다.

66번 지방도로에 들어서자 안개가 걷힌 길 양편으

드러커가 직접 집까지 찾아오는 길을 설명하여 보내 준 팩스.

로 전형적인 캘리포니아 사막 풍경이 펼쳐졌습니다. 가까운 들판이나 먼 산은 누렇게 익은 우리나라의 가을 들녘을 연상시켰습니다. 클레어몬트 시 경계를 넘어가자 크리스마스 휴가를 즐기는 미국의 작은 마을 풍경이 나타났습니다.

드러커 박사 집에 도착한 시간은 오전 11시 30분이었습니다. 담장 없이 도로가에 접해 있는 단층집은 미국 교외에서 흔히 볼 수 있는 집이었습니다. 사실 큰 저택에 살 것으로 기대했었는데 평범한 집을 보고 약간은 실망했습니다.

떨리는 마음으로 벨을 눌렀습니다. 사진만으

인터뷰에 동행했던 딸과 포즈를 취한 피터 드러커.

거실에서 내다본 수영장 전경.

음악과 예술에 관심이 많았던 드러커의 취향이 느껴지는 책장.

로 추측했을 때 거구일 것으로 생각했으나, 또 한 번 실망스럽게도, 보통 키의 노인이 환하게 웃는 얼굴로 두 팔을 벌려 우리 부녀를 반갑게 맞아 주었습니다. 그는 곧 우리들을 이탈리아 식당 릴로(Rillo)로 데려갔습니다. 카운터의 안내원은 드러커를 금방 알아봤고 예약된 테이블로 우리들을 안내했습니다.

"새해에도 건강을 빕니다."라는 말과 함께 건배를 하며 나는 준비해 온 질문을 하기 시작했습니다. 또다시 이런 기회가 오지 않을 것 같아서 가능한 한 많은 것을 질문했습니다. 그는 도수가 높은 돋보기안경에다 보청기를 끼고 있었지만 목소리는 정정했습니다.

그의 생애, 취미생활(그는 취미가 전화받기와 이야기하는 것이라고 말한 적이 있습니다) 그리고 가족관계로 질문의 범위를 넓혀 갔습니다. 가족은 사모님과 아들 하나, 딸 셋, 그리고 손자는 여섯 명이라고 하면서 보스턴, 유럽, 인도 등에 사는 아들과 손자들의 사는 모습을 설명해 주었습니다. 나의 다음 행선지가 캐나다와 멕시코라는 말을 들은 드러커 박사는 "캐나다 사람들이 가장 많이 사는 도시가 어딘지 아는가?" 하고 물었습니다. 너무 쉬운 질문이어서 "그야 토론

토지요."라고 답했습니다. 그러자 박사님은
이렇게 말했습니다.

"아닐세. 은퇴한 캐나다 인, 돈 많은 캐나
다 인, 휴가를 온 캐나다 인 등을 모두 합해
서 겨울철에 세계에서 캐나다 인이 가장 많
이 사는 도시는 LA지."

우리는 모두 한바탕 웃었습니다. 늘 유쾌
함을 잃지 않는 그는 책에서도 이런 식의 유
머를 즐겨 썼습니다.

생각보다 체구는 작았지만 얘기를 나누다 보니 드러커는 정말
'큰' 사람임을 다시 깨닫게 되었다.

음식을 주문할 때 나는 음식을 가리지 않으므로 그와 같은 음식으
로 주문해 달라고 했습니다. 그러자 드러커는 자신이 먹는 음식은
독특한 것이므로 다른 걸 시키라고 했습니다. 나는 수프와 가리비를
시켰고, 드러커가 주문한 것은 각종 채소류와 육류가 한 접시 가득
한 음식이었는데, 그는 하나도 남기지 않았습니다. 점심을 먹으면서
그는 음악, 그림, 고전문학 등을 주제로 이야기했습니다. 듣던 대로
그의 박식함은 놀라운 수준이었습니다.

식당에서 나올 때 드러커 박사는 매우 천천히 걸었습니다. 옆에서
부축해 드렸더니 "이것이 나의 유일한 운동이니 거들지 말라."고 하
더군요. 돌아오는 차 안에서 여든세 살의 나이에 그렇게도 사고력이
왕성하고 육체적으로 건강한 비결이 뭐냐고 물었더니 "마음은 느긋
하게 먹고 몸은 많이 움직이는 것"이라고 했습니다.

드러커의 집 안으로 들어서니 자식들도 다 따로 살고 있고 부인도

말년에 피터 드러커는 산책을 운동으로 삼았다.

몸이 좋지 않아서인지 왠지 쓸쓸해 보였습니다. 거실 한 가운데는 벽난로가 있었고 한쪽 벽에는 초서체로 흘려 쓴 족자 '春夏秋冬(춘하추동)'과 남종화(南宗畵)로 보이는 신선도가 나란히 걸려 있었습니다. 드러커 박사의 에도 시대의 회화 컬렉션은 이미 정평이 나 있었습니다.

탁자 위에는 최신 잡지들이 많이 쌓여 있었으나, 서재의 책들은 대부분 가죽 장정으로 된, 오래된 것들이었습니다. 한켠에는 레코드판들도 가지런히 꽂혀 있었습니다. 책들 사이사이 그리고 책장 빈틈에는 세계의 여러 곳에서 선물받은 듯한 각종 장식의 북엔드(bookend)와 작은 장식물이 놓여 있었습니다.

벌써 예정했던 인터뷰 시간보다 훨씬 지나 버려서 딸이 아내가 챙겨 준 선물 보따리를 풀었습니다. 우리나라의 전통 혼례 때 들고 가는 기러기 한 쌍을 비단보로 싼 소쿠리였습니다. 기러기는 100년을 살며 부부가 일생 동안 해로한다는 설명을 해 드렸더니, "며칠 후면 결혼기념일인데 좋은 선물이 되겠다."며 매우 흐뭇한 표정을 지었습니다.

마지막으로 드러커 박사에게 정치학자, 경제학자, 사회학자, 철학자, 경영학 교수, 저널리스트, 경영 평론가, 경영 컨설턴트, 소설가 등 많은 호칭들 가운데 무엇이 가장 좋으냐고 물었습니다. 교수님은 낮은 목소리로, "나는 사회과학 및 경영 교수입니다(I am a professor of social science and management)."라고 했습니다. 나는

자동차 시동을 걸고 유리창을 내려 "건강하세요."라고
작별인사를 했습니다. 드러커 박사는 미소를 지으며
손을 흔들어 주었습니다.

나와 딸은 비 온 뒤라 유칼립투스 나뭇잎들이 도로
에 촉촉이 깔려 있는 클레어몬트 대학원대학교를 한
바퀴 돌기로 했습니다. 공기가 매우 상쾌했습니다. 그
리고 우리 부녀는 겨울답지 않게 포근한 클레어몬트를
뒤로하고 LA로 향하는 210번 하이웨이를 탔습니다.

그 후 나는 한 해를 제외하고(어느 해인가 드러커의
온 가족이 휴가를 갔기 때문에) 매년 그를 만났습니다.
신문사, 잡지사, 그리고 삼성그룹 사회봉사센터의 의

족자 사진.

뢰로 인터뷰를 한 경우도 있었고, 아무런 계획 없이 순수하게 개인
적으로 만나기도 했습니다. 세 차례는 나의 가족과 함께 만났고 대
구대학교 총장 재직 시에는 보직 교수와 직원들과도 한 차례 만났
습니다.

2004년 10월, 나는 생전의 드러커를 마지막
으로 만났습니다. 그때 젊음을 유지하는 비결
이 무엇인지 물었더니 "Life long learning
makes mind and body young(평생학습은 몸
과 마음을 젊게 하지요)."이라고 짧게 대답하던
기억이 납니다. 드러커는 2005년 11월 11일
96세 생일을 일주일 앞두고 타계했습니다. 나

대구대학교 총장 시절 피터 드러커와 교수들과의 만남.

『피터 드러커의 인생경영』
이 책은 피터 드러커가 빈을 떠난 클레어몬트에서 인생을 마칠 때까지 살았던 '장소'를 순례하고, 그곳에 얽힌 사연을 생생하게 묘사하고 있다. 드러커는 1978년 예순아홉에 자서전 격인 『방관자의 모험』을 발표한 후로는 자기 자신에 대한 이야기를 들려준 적이 없다. 따라서 『피터 드러커의 인생경영』은 1979년부터 2005년 타계할 때까지, 그리고 그 후 이어진 추모행사에 대해 가장 잘 설명한 책이다.

는 2005년 12월 10일 클레어몬트 대학원대학교에서 개최한 추도식에 참석했고, 2007년 4월 11일 드러커의 유해가 뿌려진 콜로라도 산장에 들러 다시 한 번 그를 생각했습니다.

· 제 1 장 ·

인간은 태어나는가, 만들어지는가?

이 책의 주목적은 올해 탄생 100주년을 맞는 현대 경영학의 아버지
피터 드러커의 사상과 저서를 연대기적으로 살펴보는 것입니다.
제1장은 본격적으로 피터 드러커의 생애를 살펴보기 전에,
사회의 구성원으로서 한 인간은 태어나는가(nature)
혹은 양육되는가(nurture)하는 것에 대해 논의해 보고자 합니다.

인간의 행동 방정식

수학시간에 $Y = aX + b$, 혹은 $Y = f(X)$라는 함수식을 배운 적이 있을 겁니다. 경영학과 심리학에서는 이 방정식을 활용하여 '인간 행동의 기본 공식'을 다음과 같이 나타냅니다.

$$B = f(P, \ E)$$

여기서 B는 인간의 행동(behavior)을, P는 개성(personality)을, E는 환경(environment)을 의미합니다. 다시 말해 인간의 행동(B)은 개개인의 타고난 개성(P)과 그를 둘러싸고 있는 환경(E)에 영향을 받아 결정된다는 것입니다. 노벨상 수상 작가 토마스 만(Thomas Mann, 1875~1955)은 1924년 『마의 산』에서 다음과 같이 말했습니다.

"인간은 한 개인으로서 자신의 개인적인 삶을 살지만 의식적이건 혹은 무의식적이건 자신의 시대에 일어난 획기적 사건에 영향을 받고 또한 동시대 사람들과 같은 삶을 살아간다."

토마스 만의 주장에서 '인간은 한 개인으로서 자신의 개인적인 삶을 산다.'는 것은 앞의 방정식에서 '개성'을 의미하고, '의식적이

건 혹은 무의식적이건 자신의 시대에 일어난 획기적 사건에 영향을 받는다.'라는 말은 '환경'을 의미합니다. 그러면 피터 드러커가 태어난 오스트리아 빈은 어떤 곳인지 살펴봅시다.

지구촌(global village)이라는 말을 만들고 또 "미디어는 메시지다(The medium is the message)."라고 주장한 마셜 맥루한(Herbert Marshall Mcluhan, 1911~1981)은 드러커의 친구입니다. 그는 1969년 드러커의 저서 『단절의 시대(The Age of Discontionuity)』가 출판된 후 '듣기 위해 세상에 태어난 사람(The man who came to listen)'이라는 제목으로 드러커와 나눈 대담에서 빈에 대해 이렇게 논평했습니다.

"드러커가 태어나 성장한 빈은 여러 세기에 걸쳐 문화적·경제적 교차로 역할을 해 왔다. 빈은 전통적으로 비잔틴과 게르만, 동양과 서양이 맞부딪히는 지점으로 빈 출신인 드러커가 예술적으로 풍부한 감성을 갖게 된 것은 당연하다."

알다시피 빈은 볼 것도 들을 것도 많은 도시입니다. 피터 드러커라는 지식근로자가 형성될 만한 분위기와 여건이 갖춰져 있었지요.

20세기 초 빈의 두 얼굴

빈은 특히 음악가들이 사랑한 도시입니다. 고전주의 음악가 요제프 하이든(Joseph Haydn, 1732~1809)과 모차르트(Wolfgang A. Mozart, 1756~1791) 그리고 베토벤(Ludwig van Beethoven, 1770~1827)이

활동했고, 가곡의 왕 슈베르트(Franz Peter Schubert, 1797~1828) 역시 이곳에서 일생을 보냈습니다.

나폴레옹 전쟁(1797~1815)이 끝나고 구 질서가 다시 복구되자 빈은 마치 막혀 있던 물꼬가 트이듯 '가벼운 음악'인 왈츠가 넘쳐흐르게 되었습니다. '왈츠의 왕' 요한 슈트라우스(Johann Strauss, 1825~1899)의 작품에는 인생을 찬미하는 빈의 독특한 분위기가 담겨 있었습니다. 1862년에는 함부르크 출신인 요하네스 브람스(Johannes Brahms, 1833~1897)가 이곳에 정착해 여생을 보냈지요.

드러커가 태어나기 직전, 빈에는 '세기말'의 음악적 분위기를 가

요한 슈트라우스

브람스

말러

클라라 슈만

오스트리아 빈에서 활동했던 19~20세기의 음악가들

장 잘 구현한 작곡가 구스타프 말러(Gustav Mahler, 1860~1911)가 지휘자로 활동하고 있었습니다. 피아니스트였던 피터 드러커의 할머니도 말러의 지휘로 연주를 한 적이 있다고 합니다.

19세기에서 20세기로 넘어가는 시기에 유럽 사람들은 미술과 건축에 대해 합목적적인 형태를 요구하며 전통적인 역사주의로부터 벗어나려고 노력했습니다. 새로운 미술, 즉 프랑스에서는 아르누보(Art Nouveau)가, 오스트리아에서는 젊은 양식이라는 의미로 유겐트슈틸(Jugendstill) 혹은 전통과 결별한다는 의미에서 빈 분리파(Wien Secession, 제체시온)가 등장했습니다.

요제프 올브리히(Joseph Olbrich, 1867~1908)가 설계한 분리파 예술회관은 지금은 관광명소로 주목받고 있지만 1897년 이 건물이 완성되었을 때는 '금빛 양배추 머리'라는 비웃음을 샀습니다. 이 건물 현관 위에는 분리파의 목표, 즉 "한

오스트리아 빈을 대표하는 건물로 꼽히는 현대 건축의 걸작, 빈 분리파를 상징하는 제체시온 관.

시대에는 그 시대의 예술을, 예술에는 자유를(Der Zeit Ihre Kunst, Der Kunst Ihre Freiheit)!"이라는 구호가 적혀 있습니다. 유겐트슈틸은 역동적인 선의 움직임을 선호했고 실내장식, 가구, 책의 삽화 그리고 회화에 이르기까지 꽃무늬 혹은 소용돌이무늬와 유사한 장식을 사용했습니다. 그것은 공예, 회화, 조각, 건축의 모든 예술적 노력을 창조적인 합일체로 통합했습니다.

구스타프 클림트.

분리파는 유럽의 향락 문화를 집대성한 이 무렵 빈의 분위기를 대변하는데, 특히 부르주아 계층의 요란한 향연과 겉치레, 쾌락 추구는 이 도시를 늘 에로티시즘의 향기로 가득 차게 했습니다. 〈키스〉라는 작품으로 유명한 구스타프 클림트(Gustav Klimt, 1862~1918)의 그림들은 이 같은 흐름을 잘 보여 주고 있습

아돌프 로스.

니다. 남녀의 근원적인 화해를 상징하는 키스 장면을 이보다 더 화사하고 아름다운 장식적 표현으로 그린 화가는 미술 역사상 없을 것입니다. 혁신적인 근대 건축가 아돌프 로스(Adolf Loos, 1870~1933)가 "모든 예술은 에로틱하다."고 외친 것도 바로 이런 환경에서 나온 것입니다.

세기말 건축의 또 다른 흐름은 순수주의 혹은 구성파라고 할 수 있는데 이들은 장식이 없는 건축을 지향하였습니다. 오토 바그너(Otto Wagner, 1841~1918)는 베를린 건축학원과 빈

구스타프 클림트 〈키스〉.

요제프 호프만.

오토 바그너.

오토 바그너의 대표적인 건축물인 로스 하우스.

미술학교 건축학부를 거쳐 1894년 빈 미술학교 교수가 되어 빈의 근대 건축을 주도했습니다. 그는 1890년대 아르누보에 공감하여 19세기에 유행하던 건축에 있어 역사주의적 경향을 부정하고 새로운 형식은 모두 새 시대의 요구에 부응해야 한다는 관점에서 '실용적인 건축양식'을 제창했습니다. 건축의 양식은 실용 목적과 재료, 그리고 구조와 미적 입장에서 규정된다는 것이 그의 건축관이었습니다. 그의 건축관은 앞서 말한 요제프 올브리히 등 여러 후계자에 의하여 분리파 운동으로 발전해 나갔습니다.

건축가 요제프 호프만(Josef Hoffmann, 1870~1956)은 빈의 미술학교에서 오토 바그너의 지도를 받은 후 젊은 예술가를 규합하여 과거 양식에서부터 분리를 목표로 분리파 운동을 일으켰고 유겐트슈틸의 지도자가 되었습니다. 드러커의 생가를 설계한 사람이 바로 요제프 호프만입니다.

19세기 말 빈은 왕족과 귀족, 왕궁, 유서 깊은 성당과 고위 성직자, 고전 예술가, 그리고 화려함의 도시만은 아니었습니다. 빈은 가난한 이민자, 우중충한 교외의 세입자, 부유한 산업 자본가, 환상도로(Ringstrasse)의 대저택에 거주하는 신흥부자 그리고 검소함의 도시이기도 했습니다. 정치적으로는 사회주의가 지배적이었습니다.

1887~1900년 사이 빈의 시장이었던 카를 뤼거(Karl Lueger, 1844~1910)는 빈의 전차회사, 전기회사 그리고 가스회사를 몰수하여 시 소유로 전환했습니다. 하지만 그는 본질적으로 사회주의자는

아니었고 오히려 사회주의의 확산을 막기 위해 노력했습니다. 그는 시민 전체의 이익 증진을 우선으로 하는 인기영합주의자 혹은 포퓰리스트(populist)라고 할 수 있습니다. 뤼거 시장은 일차적으로 정부가 기업을 소유하는 것을 '자본가'와 '노동자' 사이에 급속히 증가하는 계급투쟁을 완화할 수 있는 수단으로 보았던 것입니다.

시민 전체의 이익 증진을 위해 그렇게 열심히 일했던 뤼거 시장은 1903년 2월 합스부르크 왕가의 한 대공비를 위한 추도미사에 참석하고자 호프부르크 왕궁 안에 있는 성당에 갔다가 모욕적인 대접에 큰 충격을 받았습니다. 그가 앞자리에 앉자 황실의 시종이 다가와 그는 초대받지 못한 손님이라는 사실을 알려 주었습니다. 그는 그저 대공비가 사망했다는 공식 통지서를 받은 것이었는데 황가의 장례식에 참석해 달라는 초대장으로 오해했던 것입니다. 뤼거 시장은 시종들의 정중하면서도 단호한 호위를 받으며 황실 성당에서 쫓겨났습니다. 그는 격노했지만 어쩔 수 없었습니다. 그것이 당시 빈의 두 얼굴, 즉 귀족과 평민의 차별이 엄연히 존재하던 때의 모습이었습니다.

1908년에 작성된 '오스트리아 취학아동 실태조사서'에 의하면, 11~12세 아동의 40퍼센트 이상이 시간제 노동에 투입되었고 여자들이 취업할 수 있는 일자리의 대부분은 의류업과 관련된 것들이었다고 합니다. 빈은 소규모 양장점, 양복점, 직조공장, 장식품을 만드는 공장들로 가득했고 빈의 노동자들의 상당수는 일주일에 70시간씩 일했습니다.

카를 뤼거
오스트리아 제국의 대미를 장식하는 프란츠 요제프 황제 시절, 빈의 시장을 지내면서 빈 시민의 생활수준 향상과 빈의 현대화를 위해 여러 업적을 남긴 인물이다. 예를 들어 그는 상수도를 설치하여 빈의 대부분 지역에 마시는 물을 공급했고 대중교통 체계를 정비하여 시 당국이 운영토록 하였다.

포퓰리스트
대중주의. 인기영합주의 · 대중영합주의와도 같은 뜻으로 쓰인다. 일반 대중을 정치의 전면에 내세우고 동원시켜 권력을 유지하는 정치체제를 말한다. 예를 들면 선거를 치를 때 유권자들에게 경제논리에 어긋나는 선심 정책을 남발하는 일 등이 전형적인 포퓰리스트들의 전략이다.

부모님의 영향

피터 드러커는 제1차 세계대전이 발발하기 5년 전인 1909년 11월 19일 오스트리아의 공무원인 아돌프 버트럼 드러커(Adolph Betram Drucker)와 캐롤라인 본디(Caroline Bondi) 사이에서 태어난 첫아들입니다.

드러커의 조상은 1455년경 구텐베르크가 활판인쇄술을 발명한 지 60여 년이 지난 1517년부터 1730년까지 네덜란드 암스테르담에서 집안 대대로 인쇄업을 운영했는데, 드러커(Drucker)는 네덜란드어로 인쇄업자를 의미한다고 합니다. 그 후 거주지를 빈으로 옮겨 할아버지는 은행업에 종사했고 아버지는 공무원이 되었습니다. 드러커의 어머니는 결혼하기 전에는 오스트리아에서 최초로 의학을 공부한 여성 중 한 명이었지만 의사가 되지는 않았습니다. 학생 시절 그녀는 프로이트의 저서들을 사 모았는데 첫해 고작 351부밖에 팔리지 않았던 지그문트 프로이트(Sigmund Freud, 1856~1939)의 『꿈의 해석(Die Traumdeutung)』 초판본도 구입했다고 합니다.

피터 드러커의 생가 주소는 빈의 제19지구 되블링의 그린칭 지역 카스그라벤 거리 36번지입니다. 빈에는 23개 지구가 있는데, 제19지구는 빈 중심의 북서쪽에 있는 신흥주택가로 오스트리아 사람들이 즐겨 찾는, 포도주 레스토랑이 많은 소위 호이리게(Heurige) 지역입니다. 호이리게는 프랑스의 보졸레 누보(Beaujolais Nouveau)처럼 그해 처음 수확한 화이트 와인을 칭하는 독일어인데 요즘에는 '와인을 마시는 장소' 라는 의미로도 쓰입니다.

지그문트 프로이드

『꿈의 해석』
20세기는 지그문트 프로이트의 『꿈의 해석』과 함께 꿈처럼 열렸다. 이 책의 초판본은 실제로는 1899년 11월 4일 오스트리아에서 발간되었지만 발행연도를 1900년으로 표기한 것은 새로움을 강조하기 위한 출판사의 의도였다(영역본은 1900년 10월 14일 출간됨). 『꿈의 해석』은 오늘날에는 20세기를 움직인 현대의 고전으로 추앙되지만 독일어로 쓰인 초판본 600부가 다 팔리는 데는 무려 8년이나 걸렸다.

피터 드러커의 생가는 지금도 그대로 보존되어 있습니다. 지붕 아래 다락방이 있고 지붕에는 굴뚝이 여러 개 솟아 있는 단아한 3층 건물입니다. 드러커는 자신의 어린 시절을 이렇게 회고했습니다.

피터 드러커가 마지막 순간을 맞은 캘리포니아 클레어몬트 자택.

"내가 자란 집은 빈 교외에 있었다. 그곳은 포도밭 한가운데 있었는데 육지의 섬과도 같은 개발지구였고 큰길에서 멀리 떨어진 매우 조용한 곳이었다. 2층에서 내려다보면 빈 전체가, 위쪽을 바라보면 포도밭 너머로 빈의 숲이 한눈에 들어왔다. 우리 동네는 열 세대 정도만 살고 있어서 어린이는 다해 봐야 15명에 불과했다. 이것이 어

피터 드러커 생가.

린 나에게는 세상의 전부였다. 나는 사이가 좋은 부모님과 함께 비교적 부유한 가정환경 아래 아무런 부족함 없이 생활하고 있었다."

 Tip

이 시점에서 내가 태어난 시대는 어떤 시대인지, 나의 부모와 내가 태어난 환경은 어떠한지 생각해 봅시다. 또 내가 사는 시대를 파악하려면, 신문의 사설란을 꼼꼼히 읽어 보는 것이 큰 도움이 됩니다.

20세기 역사의 샘

드러커가 태어난 시점을 경영의 역사라는 관점에서 살펴보겠습니다. 드러커가 태어나기 123년 전인 1776년에는 제임스 와트(James Watt, 1736~1819)가 증기기관을 기업에 납품했고, 애덤 스미스가 『국부론』을 출간했습니다. 그리하여 산업혁명이 막 시작되었고, 또 정치적으로는 미국이 영국으로부터 독립을 선언했습니다. 그로부터 13년 후인 1789년에는 프랑스혁명이 일어났습니다.

산업혁명과 정치혁명이 동시에 일어났으므로 일부 역사가들은 이

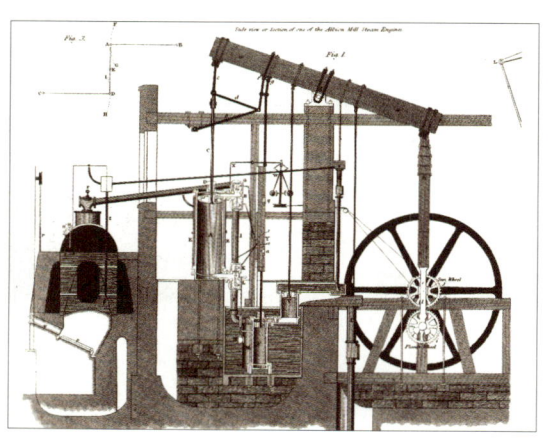

제임스 와트의 증기기관 측면도.

시기를 '이중혁명 시대'라고 부르기도 합니다. 이중혁명 기간 동안 그 전에는 존재하지 않았던 경제 및 경영 관련 용어들이 등장했습니다. 공장(factory), 엔지니어(engineer), 산업(industry), 산업가(industrialist), 기업가(entrepreneur), 철도(railway), 중산층계급(middle class), 노동자계급(working class), 자본주의(capitalism), 자본가(capitalist), 사회주의

(socialism), 프롤레타리아(proletariat), 파업(strike), 빈곤(pauperism), 경제공황(economic crisis) 등이 그 예입니다.

애덤 스미스.

그러니까 드러커가 어린아이였던 1909년에서 1919년은 역사적으로 이중혁명이 끝나고 20세기가 과거와는 전혀 다른 모습이라는 것을 알리는 수많은 사건들이 발생했습니다. 이 시기에 일어난 가장 중

요한 사건을 꼽는다면, 테일러의 과학적 관리법(1911), 포드 자동차의 이동식 조립생산 시스템(1913), 제1차 세계대전(1914~1918) 그리고 공산주의혁명(1917)을 들 수 있습니다.

'대량생산의 시대', '전쟁의 시대', '혁명의 시대' 라고 할 수 있는 20세기 역사의 특징들은 모두 1910년대에 시작된 것입니다.

포드의 자동차 모델 T 옆에 서 있는 헨리 포드.

르네상스와 시민혁명 그리고 산업혁명을 거치면서 19세기까지 엘리트들이 발전시켜 온 고상한 가치들이 20세기의 초반 10년 동안 모두 종말을 고했고, 그 자리를 대신한 것은 전쟁에서 이기기 위해서라면 민간인 살상과 독가스 사용조차 주저하지 않는 무자비함이었습니다. 보불전쟁(Franco-Prussian War, 1870~1871)에서 프랑스는 하루 1만여 발의 포탄으로도 충분히 싸웠지만, 제1차 세계대전에서는 하루 20만 발을 사용해도 모자랄 지경이었습니다. 전쟁이 이처럼 야수성을 더하게 된 데는 과학과 기술의 발달 그리고 대량생산 시스템 때문이었습니다.

프레드릭 윈슬로 테일러.

당시 미국에서 테일러는 공장의 육체노동자들의 능률 향상을 위한 운동을 추진하고 있었습니다. 그 결과를 1911년 『과학적 관리법(The Principles of Scientific Management)』이라는 책으로 출판하여 주먹구구식 경영을 과학적 경영으로 전환시키는 데 공헌을 했습니다.

제1차 세계대전

제1차 세계대전 발발 직전, 빈에는 합스부르크 왕가의 잔재가 남아 있었습니다. 프란츠 요제프 황제가 아직 지배하던 시절이었는데 당시의 빈은 새로운 문학적·예술적 창의성이 절정에 이르렀을 때입니다. 일례로 프로이트의 정신분석학이 주목을 끌었고, 소설가 슈테판 츠바이크(Stefan Zweig, 1881~1942)와 철학자 루드비히 비트겐슈타인(Ludwig Wittgenstein, 1889~1951) 등이 빈의 황금시대를 이끌었습니다.

계급을 막론하고 향락을 좇는 빈 사람들은 왈츠에 매혹되기라도 한 듯 오페라하우스, 커피하우스, 극장, 술집, 무도회장, 음악홀, 시내의 드넓은 공원 등으로 무리 지어 몰려다녔습니다. 그러나 제국의 종말, 그리고 아울러 빈 시민들의 이러한 생활양식의 종말은 서서히, 그러나 확실하게 다가오고 있었습니다.

1914년 6월 28일, 오스트리아의 황태자 프란츠 페르디난트(Franz Ferdinand, 1863~1914)가 보스니아의 수도 사라예보를 군사적 목적으로 방문했습니다. 이때 세르비아 민족단체 '검은 손'과 은밀한 관계를 가진 보스니아의 군사정보부는 음모를 꾸몄습니다. 세르비아 인의 민족의식을 고양시키기 위해 황태자를 살해하여 오스트리아 제국 내 긴장을 고조시킨 후 이를 기회로 삼아 혁명을 일

슈테판 츠바이크

오스트리아 빈 출생. 전기 작가로 이름을 떨쳤으며, 나치스가 정권을 잡자 외국으로 망명하여, 최후의 대작인 『발자크』를 미처 완성하지 못한 채 브라질에서 젊은 아내와 같이 자살하였다. 『모르는 여인으로부터의 편지』『환상의 밤』『장기 이야기』『감정의 혼란』 등의 소설은 시적 언어와 프로이트적 심리 묘사가 절묘하게 결합되어 나타난 걸작품들이다.

으키려는 전략을 세웠습니다.

젊은 테러리스트 가브릴로 프린치프(Gavrilo Princip)는 황태자의 행렬이 지나갈 때 갑자기 황태자의 차에 뛰어올라 두 발의 총을 쏘았고 계획대로 황태자와 황태자비를 살해하는 데 성공했습니다. 오스트리아 측에서는 세르비아 정부에 그 책임을 물었습니다. 7월 23일 오스트리아 정부는 세르비아 정부에 가혹한 최후통첩을 전달했고, 세르비아 정부는 그것을 대부분 수용했습니다.

그럼에도 불구하고 암살이 있은 지 꼭 한 달 후인 1914년 7월 28일, 오스트리아는 세르비아에게 선전포고를 했고, 러시아는 즉시 슬라브 인을 돕는다는 명분으로 오스트리아에게 선전포고를 하였습니다. 독일이 오스트리아를 지원하면서 러시아에 선전포고를 하고, 독일의 앙숙인 프랑스는 러시아를 지원하여 독일에 선전포고를 하고, 영국은 독일의 벨기에 침입을 구실로 삼아 독일에 선전포고를 하여 갑자기 유럽 전체가 전운에 가득 뒤덮이게 되었습니다. 전 유럽이 두 진영 가운데 어느 한쪽 편을 들었습니다. 1929년에 출간된 에리히 레마르크(Erich Remarque, 1898~1970)의 소설 『서부전선 이상 없다(Im Westen nichts Neues)』는 제1차 세계대전의 참혹성을 적나라하게 묘사하고 있습니다.

빈 시민들은 1914년 7월에 시작된 그 전쟁이 금방 끝날 거라고 확신하면서 공동의 목표를 품고 제국의 깃발 아래로 모여들었습니다. 그러나 잔혹한 전쟁은 4년이나 지속되었고 합스부르크 왕가가 수백 년간 지배해 온 오스트리아 제국을 멸망시켰습니다. 슈테판 츠

루드비히 비트겐슈타인
오스트리아 출생의 영국 철학자. 1939년에 영국 케임브리지대학 교수로 있으면서 일상언어(日常言語) 분석에서 철학의 의의를 발견하게 되었다. 영국의 분석철학계에 지대한 영향을 끼쳤으며 저서로는 『논리철학론』 『철학적 탐구』 등이 있다.

『서부전선 이상 없다』
제1차 세계대전 중 전황이 교착상태에 빠지기 시작하자 독일은 국민 총궐기를 요구한다. 어느 날 고교생 파울 보이머는 다른 학생들과 특별지원병으로 일선에 출동한다. 그러나 전쟁은 상식과는 판이한 논리가 지배하는 세계였다. '우리들'은 모든 이상과 신조를 잃고, 오로지 비정하고 부조리한 전쟁터의 현실 속에서 살아가는 지혜를 배운다. 전우들은 차례로 전사하고, 최후까지 살아 있던 주인공도 1918년 가을의 어느 고요한 날에 전사하여 그의 수기는 끝났다. 하지만 그날의 전황에는 별다른 변화도 없어 사령부 보고에는 '서부전선 이상 없다.'라고 기록되었을 뿐이다.

바이크는 당시를 이렇게 묘사했습니다.

"발칸 반도의 작은 도시에서 울린 총성이, 우리가 교육받고 성장하고 편안하게 안주해 온, 창조적인 이성과 안정이 지배하던 세계를 일거에 무너뜨렸다. 마치 질그릇이 박살나 버린 것 같았다."

1914년 6월 28일, 황태자가 암살당했다는 소식을 들은 오스트리아 외국무역성의 장관이었던 아돌프 버트럼 드러커는 급거 귀국해야 했습니다. 당시 그는 수년간 안 쓰고 모아 둔 휴가를 한꺼번에 즐기기 위해 가족과 함께 지중해 아드리아 해변에 머물고 있었습니다. 장남인 피터 드러커는 겨우 다섯 살이었습니다.

제1차 세계대전은 나중에 일본과 터키마저 참전함에 따라 문자 그대로 세계대전으로 확대되었고, 드러커가 아홉 살이 되던 해인 1918년 독일의 항복으로 종전을 맞습니다. 그 결과 당시 인구 6,000만 명 규모의 오스트리아-헝가리 이중제국이 붕괴되고, 오스트리아는 지금과 같은 스위스 산록의 소규모 국가로 전락하고 말았습니다.

태어난 시대와 환경, 그리고 부모님의 영향력 등을 종합해 볼 때, 드러커는 조선시대 말 양반집 자제처럼, 대학을 졸업하면 빈의 관료 또는 대학교수로 성공이 예정된 사람이었습니다(born). 그러나 만약 그렇게 예정된 삶을 살았다면 드러커는 유럽의 다른 많은 유태인 지식인들처럼 유럽에서 허무한 죽음을 당했을는지도 모릅니다. 드러커는 운도 따랐지만, 스스로 판단하고 행동했고 자기계발을 했으며 자신의 지식(혹은 자신이 가진 생산요소와 자원)을 가장 유리하게 사용할 수 있는 곳을 찾아 이동했습니다. 결론적으로 드

러커는 '정착'이 아니라 '이동'이 특징인 지식사회의 한 대표적인 지식근로자의 일생을 스스로 만들어 갔다는 말입니다(made). 이 책은 드러커가 앞으로 어떤 삶을 선택해 갔는지 살펴보게 될 것입니다.

어떤 사회가 인간이 살기 좋은 기능적인 사회인가?

드러커는 경영학자로 잘 알려져 있지만 그것은 인생의 중엽부터 시작한 경력입니다. 드러커의 사상의 첫 출발은 '사회'였습니다. 따라서 그는 '대답'을 하는 사람이 아니라 사회현상에 대해 문제의식을 갖고 '질문'을 하는 사람이었습니다.

피터 드러커는 1909년, 즉 제1차 세계대전 전에, 그것도 전쟁의 진원지인 빈에서 태어났습니다. 그리고 20세기를 온전히 살고 2005년, 21세기 초에 아흔여섯 번째 생일을 일주일 앞두고 타계했습니다. 드러커는 긴 일생 동안 다양한 삶을 살았습니다. 그의 관심사는 사회, 역사, 경제, 경영, 기업 컨설팅, 사회과학, 일본 미술, 소설, 저널리즘 등 다양했고, 말년에는 비영리단체 컨설팅과 사회생태학 연구에 초점을 맞추었습니다. 그러나 드러커의 궁극적인 화두는 "어떤 사회가 기능적인 사회인가?"라는 질문이었습니다.

드러커는 세기말 빈과 제1차 세계대전, 그 후 유럽 사회의 붕괴와 해체, 그리고 히틀러와 전체주의의 등장, 그리고 종국적으로 제2차 세계대전이 발발하는 과정을 관찰하고는 앞으로 카를 마르크스(Karl Marx, 1818~1883)가 예언한 것과는 다른 사회가 전개될 것으로 내다보았습니다. 마르크스는, 인간사회는 '원시공산사회 → 봉건사회 → 자본주의 사회 → 사회주의 사회와 공산주의 사회'로 귀결된다고 예언했습니다.

하지만 드러커는 생각이 달랐습니다. 산업혁명 후 20세기 초까지 자본주의 사회와 사회주의 사회가 대립하였으나, 사회 구성원의 지식수준이 높아지고 또 정보를 공유하게 되면 공산주의, 사회주의 그리고 전체주의는 몰락하지 않을 수 없습니다. 궁극적으로 자본주의 사회와 사회주의 사회를 초월하여 '자본주의 이후 사회', 즉 '지식사회'가 된다고 본 것입니다.

그 이유는 생물적 존재로서 인간이 호흡을 하려면 신선한 공기가 필요한 것과 마찬가지로, 사회적 존재이자 정치적 존재로서 인간(지식근로자)은 기능적인 사회(functioning society), 즉 제대로 기능을 수행하는 사회를 필요로 하기 때문입니다. 그러나 신선한 공기가 늘 자동적으로 공급되지는 않듯이 모든 사회가 기능적인 사회인 것은 아닙니다.

따라서 드러커는 인간이 자유와 평등을 달성하지 못하도록 하는 공산주의, 사회주의 그리고 전체주의가 다시 등장하지 않도록 하기 위해 지식사회의 지식근로자는 자신의 역할을 수행할 책임이 있다고 강조합니다. 기능적인 사회에 대해서는 2003년에 출간된 저서 『경영의 지배(A Functioning Society)』에서 깊이 있게 다루고 있습니다.

피터 드러커의 저서

피터 드러커 지음, 이재규 옮김, **『경영의 지배』**
이 책은 '공동체, 사회, 정치 체제'와 관련하여 "어떤 사회가 기능적인 사회인가?"라는 물음에 대해, 드러커가 '개인'과 '사회'라는 두 가지 코드를 중심으로 경영학적 통찰을 통해 풀어낸 것이다. 드러커는 이 책에서 기존에 자신이 주로 다루었던 '기업과 경영의 문제'뿐만 아니라, 그것이 기본적으로 속해 있는 조직과 사회를 비롯해서 정부, 대학, 병원 등 영리기관과 비영리기관의 범주를 넘나들면서 사회생태학자로서의 자신의 정체성을 유감없이 발휘했다. 이 책을 통해 지식근로자 개인의 '지식혁명'은 물론, 조직으로서의 기업과 그러한 조직으로 구성되는 사회 및 정치 체제를 '기능적 지식사회'라는 전망과 틀 속에서 조망하고자 하는 드러커의 경영 철학과 전략을 꿰뚫어 볼 수 있다.

제 2 장

피터 드러커의 인생을 변화시킨 사람들

피터 드러커는 어릴 때 유달리 유명인사들을 많이 만났습니다.
그때마다 먼저 말하기보다는 질문을 더 많이 받았습니다.
글을 읽지 못했던 칭기즈칸은 각 지역으로 파견한 정보원들이나
각국의 외교관들로부터 이야기를 많이 들었다고 합니다.
그들에게 들은 정보를 바탕으로 연전연승한 칭기즈칸은
나중에 "내 귀가 나를 만들었다."고 했습니다.
그 점은 드러커도 마찬가지입니다.
드러커를 만든 것은 질문과 만남 그리고 관찰이었습니다.

운명적인 만남

인류는 세 번의 큰 깨달음 뒤에야 비로소 우주와 인간을 이해할 수 있게 되었다고 합니다. 16세기 니콜라우스 코페르니쿠스(Nicolaus Copernicus, 1473~1543)의 지동설은 우주를 바라보는 인류의 사고 방식을 바꾸었고, 19세기 찰스 다윈(Charles Darwin, 1809~1882)의 진화론은 생명 현상을 신의 영역에서 과학의 영역으로 끌어내렸으며, 20세기 초 프로이트는 인간에게는 스스로도 의식하지 못하는 무의식의 내면 세계가 있다는 사실을 밝혔습니다. 그런 식으로 비유를 하자면, 드러커는 '자본'과 '노동' 대신에 '지식'이 생산요소가 되었다는 사실을 파악하고, 지식과 지식이 만나 새로운 지식을 창출하는 '지식혁명'을 예견했습니다.

지식혁명은 그 전의 사회적 혁명들과는 달리 피를 흘리지 않는 혁명입니다. 아시다시피 1789년 프랑스혁명과 1917년 공산혁명을 비롯한 정치혁명은 수많은 사람들의 목숨을 빼앗아 갔습니다. 농업사회를 산업사회로 바꾼 산업혁명에 뒤이은 기계파괴운동, 그리고 19세기 말과 20세기 초 산업사회의 격렬한 노동운동도 그랬습니다. 그러나 드러커가 인식한 지식혁명은 피를 흘리지 않고 조용히 진행되

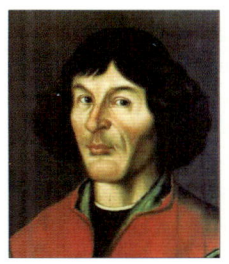

니콜라우스 코페르니쿠스.

찰스 다윈.

젊은 시절의 피터 드러커.

고 있습니다. 그것도 전 세계적으로 말입니다.

물론 드러커가 직접 지식혁명을 일으킨 것은 아닙니다. 코페르니쿠스가 아니더라도 지구는 돌고 있었고, 다윈이 지적하지 않았어도 생물은 진화과정을 거치며, 프로이트가 없었어도 인간에게는 무의식이 있었습니다. 마찬가지로 드러커가 그렇게 주장하지 않았어도 지식혁명은 일어났을 것입니다. 하지만 그런 시대적인 흐름을 최초로 파악한 사람은 바로 피터 드러커였습니다.

프로이트는 제1차 세계대전 이후 인류 문명의 저변에 깔린 파괴 본능을 꿰뚫어 보았습니다. 인간은 살고자 하는 욕구와 성욕, 즉 에로스(eros)뿐만 아니라, 자기파괴와 죽음에 대한 본능, 즉 타나토스(tanatos)를 동시에 갖고 있기 때문에 항상 마음속으로 자살을 하려는 충동에 시달린다는 것입니다. 인류가 늘 기억해야 할 20세기의 한 특징을 발견한 것입니다.

드러커는 어릴 때 프로이트를 직접 만난 적이 있습니다. 제1차 세계대전 무렵 빈에서 드러커의 가족이 우연히 프로이트의 가족과 같은 테이블에 앉게 되었습니다. 드러커의 부모님은 프로이트와는 오래전부터 알고 지냈던 사이였습니다. 드러커의 아버지는 프로이트와 공손히 인사를 나누며 어린 아들에게 프로이트와 악수를 하라고 재촉했습니다. 그러고는 이렇게 속삭였습니다.

"피터, 오늘을 꼭 기억해 두어라. 지금 만난 분은 유럽에서 가장 중요한 분이시다."

드러커가 조용히 되물었다.

"아빠, 그럼 프란츠 요제프 황제보다 더 중요한 사람이에요?"

아버지는 짧게 대답했습니다.

"그렇단다."

Tip

사람의 가치는 권력의 높낮이와는 상관없이 고유한 영역이 따로 있습니다. 피터 드러커는 어린 나이에 이미 그 사실을 깨달았는지도 모릅니다.

드러커의 부모님은 집에 친구들을 초대해 정치 · 사회 · 문화를 주제로 함께 대화하는 것을 즐겼습니다. 덕분에 당시 시대를 풍미하던 정치가나 학자들이 자주 드러커의 집에서 모임을 가졌습니다.

어린 드러커는 자신도 대화에 참여하고 싶어 좀이 쑤셨지만 어른들의 대화에 끼어드는 것은 허용되지 않았습니다. 아이들은 열 살이 되면 어른들의 대화에 참석해 귀동냥을 할 수 있었지요.

드러커가 어릴 때 만났던 사람들 중에는 오스트리아와 유럽의 명사들이 많았습니다. 드러커의 정신세계는 비범하고 탁월한 인물들로 붐비고 있었습니다. 시인이자 극작가였던 후고 폰 호프만슈탈(Hugo von Hofmannsthal, 1874~1929)과 의사이자 소설가였던 아르투르 슈니츨러(Arthur Schnitzler, 1862~1931)는 부모님의 가장 친한 친구들이었습니다.

프로이트처럼 정신과 의사였던 슈니츨러는 새로운 낭만주의의 기법으로 작품을 썼는데, 희곡 〈아나톨〉과 〈윤무〉를 출판했고, 1926년

후고 폰 호프만슈탈.

아르투르 슈니츨러.

스탠리 큐브릭 감독의 유작
〈아이즈 와이드 셧〉.

막스 라인하르트.

리하르트 슈트라우스.

에 발표한 단편 「꿈 이야기」는 스탠리 큐브릭 감독의 유작으로 톰 크루즈와 니콜 키드먼이 출연한 〈아이즈 와이드 셧(Eyes Wide Shut)〉에 영감을 주었습니다. 호프만슈탈은 제1차 세계대전 후에 연출가이며 디자이너인 막스 라인하르트(Max Reinhardt, 1873~1943)와 함께 잘츠부르크 페스티벌을 창설했고, 이 페스티벌에서 그의 작품 〈누구라도〉(1911)를 정기적으로 공연했습니다. 호프만슈탈은 생애의 마지막까지 작곡가 리하르트 슈트라우스(Richard Strauss, 1864~1949)와 공동작업을 하면서 오페라 대본을 썼는데, 〈엘렉트라〉(1903), 〈장미의 기사〉(1911), 〈낙소스 섬의 아리아드네〉(1912) 등이 주요 작품입니다.

아버지가 경제학자였으므로 드러커의 집에 자주 찾아온 사람들 중에는 루드비히 폰 미제스(Ludwig von Mises, 1881~1973), 조지프 슘페터(Joseph Schumpeter, 1883~1950), 프리드리히 폰 하이에크(Friedrich von Hayek, 1899~1992) 같은 경제학자들도 있었습니다. 그 외에도 법학자 한스 켈젠(Hans Kelsen, 1881~1973), 오스트리아 제국의회(Reichsrag)의 국회의원으로 활동하다가 나중에 체코슬로바키아의 초대 대통령이 된 토마스 마사리크(Tomas Garrigue Masaryk, 1850~1937)도 종종 들렀습니다. 그들 가운데 몇몇 사람들은 드러커에게 큰 영향을 주었습니다.

특히 토마스 마사리크는 프라하 대학교 철학교수이자 오스트리아-헝가리 이중제국의 제국의회 의원이었는데, 체코슬로바키아의 임시정부 수반이 되었고, 1920년 초대 대통령으로 선출되어 1935년

물러날 때까지 15년간 대통령직을 수행했습니다. 마사리크 대통령은 1922년 당시 미국 상무성 장관이었던 허버트 후버(Herbert Hoover, 1874~1964, 제31대 미국 대통령)와 공동으로 최초의 국제경영회의를 개최했습니다.

한스 켈젠.

피터 드러커의 이모부인 한스 켈젠은 오스트리아 헌법의 제정에 참여하고 1920년에서 1930년 사이 오스트리아 최고헌법재판소의 재판관을 지냈습니다. 드러커는 1986년에 출간된 저서 『경영의 프론티어(The Frontiers of Management)』에서 그때 상황을 이렇게 묘사했습니다.

토마스 마사리크.

"나의 어린 시절의 기억 중 하나는 바로 제1차 세계대전의 발발이다. 나의 아버지, 유명한 법률가였던 이모부, 그리고 아버지보다는 나이가 많았지만 아버지의 친한 친구였고 나중에 체코슬로바키아의 건국 대통령이 된 토마스 마사리크가 우리 집에서 했던 이야기를 지금도 기억하고 있다. 우리 집 화장실은 아버지의 서재 바로 위에 있었는데 온수 배관을 통해 사람들이 하는 말을 들을 수 있었다. 그때 나는 다섯 살이 채 안 되었지만 아버지와 이모부 그리고 마사리크가 이렇게 말하는 것을 들었다.

'이 전쟁은 오스트리아만의 종말이 아니라 문명의 종말이다.'

그것은 내가 분명하게 기억하고 있는 최초의 사건이었다. 그다음 날부터 신문에 전사 소식이 끊임없이 게재되었던 것을 나는 기억한다. 그것이 바로 내가 성장한 세상이었다. 나는 어떤 가치라도 갖고 있는 것들은 모두 최후를 맞았던 그때를 생생히 기억하고 있다. 세상은 그 후 더 좋은 쪽으로 변한 적이 없다. 그러나 비관적인 사람이어서 무슨 소용이 있는가? 하지만 우리는 갖은 곤란을 무릅쓰고 살아남았다."

Tip

드러커는 격동기에 태어났을 뿐만 아니라 일찍부터 어른들의 이야기를 귀담아들었습니다. 우리나라의 경우 학생들은 시험공부를 하느라, 아버지가 늦게 퇴근하기 때문에 또는 가족이 모이더라도 TV를 보느라 제대로 대화를 하기가 힘듭니다. 가족이나 친척이 모였을 때는 일부러라도 대화에 귀를 기울이고 참여하려는 노력을 할 필요가 있습니다.

의사 아저씨들

드러커의 친척들 가운데는 의학을 공부한 어머니를 비롯하여 의학에 관련된 일을 하는 사람들이 많았습니다. 그들은 모이기만 하면 "좋은 의사란 과연 무엇을 의미하는가?"라는 주제를 놓고 토론을 벌였습니다. 이견을 보이는 와중에도 그들 모두가 동의한 부분은 의학이론은 부족하면서 '실무능력'만 뛰어난 의사만큼 위험한 사람도 없다는 것이었습니다. 반대로 실무능력은 없으면서 의학이론에만 밝은 의사 역시 환자를 잘못 다룰 가능성이 높다는 것에도 동의했습니다. 물론 그들은 정확히 이론(theory)이 무엇인지, 그리고 과연 실무능력(practice)이란 무엇인지에 대해 끊임없이 다투었지만 말입니다. 어쨌거나 그들은 서로 다른 학설을 주장하는 것을 직업으로 하는 교수였으니까요.

그러나 그들이 합의를 본 것은 정상적인 사람이면 누구라도 유능한 의사가 되기에 충분한 이론을 습득할 수 있고, 그리고 누구라도 유능한 의사가 될 정도의 실무능력을 익힐 수 있다는 것이었습니다. 또한 모든 의사가 '위대한 명의'가 될 수는 없겠지만 모든 의사는 환자에게 올바른 치료를 하고 의료사고를 일으키지 않을 정도로 '유능한 의사'가 될 수 있다는 것이었습니다.

경영자도 마찬가지입니다. 유능한 경영자가 되기 위해서 모든 경영자는 어떤 것을 왜 해야 하는지 그 이유를 알기 위해 기초적 경영이론을 알아야만 합니다. 그리고 경영자는 무엇을 해야 하는지, 또 그것을 어떻게 하는지, 즉 실무능력을 몸에 익힐 필요가 있다는 것을 드러커는 그때 깨달았다고 합니다.

피아니스트 할머니

드러커를 르네상스적 인물로 키우고, 특히 음악과 교육 그리고 사회생활에서 예의범절을 지켜야 한다는 것을 일깨워 준 사람은 현명하고도 극성스런 할머니였습니다. 젊은 시절 드러커의 할머니는 피아니스트였습니다. 당시 여자가 대중 앞에 서는 연주가가 된다는 것은 흔한 일은 아니었지만 할아버지가 먼저 타계한 후 할머니는 병상에 눕기 직전까지 자선음악회에서 자주 연주했습니다. 드러커의 할머니는 손자들을 데리고 간혹 식당에 가곤 했는데, 만약 종업원이 친절하지 않으면 그 자리에서 바로 꾸중을 했습니다.

"자기의 일을 존중하지 않고 제멋대로 고객을 접대하는 종업원은 끝내는 불행해질 것이 뻔합니다. 내가 당신에게 무리하게라도 예의 범절을 습득시키는 이유는 고객을 위해서가 아니라 당신 자신을 위해서입니다."

인간관계와 업무상의 관계가 혼합되면 시간이 많이 소비됩니다. 그리고 마찰이 발생합니다. 따라서 함께 일하는 사람들이 많으면 많을수록 인간관계와 상호작용에 시간이 많이 사용되므로, 성과를 올리기 위해 투입되는 시간은 그만큼 줄어듭니다. 그럴 때일수록 예의범절이 필요하지요. 그 필요성에 대해 드러커는 『21세기 지식경영(Management Challenges for the 21st Century)』에서 다음과 같이 말했습니다.

"움직이는 두 물체가 서로 부딪히면 마찰이 생기는 것은 자연법칙이다. 따라서 두 사람이 만나면 늘 갈등이 일어나게 마련이다. 그러므로 서로 좋아하든 싫어하든, 예의는 서로 부딪히게 되어 있는 두 인간이 함께 일하도록 해 주는 윤활유와 같다. '죄송합니다.', '고맙습니다.'라고 인사하기, 상대방의 생일이나 이름 기억하기, 가족에 대한 안부 전하기 등 작고 간단한 일이 모두 예의다."

나는 어느 해 드러커와의 대담을 위해 LA를 출발하기 전에 전화를 드린 적이 있었습니다. 그는 예의 그 묵직한 목소리로 "우리 집 오는 길은 알고 있겠죠? 옷은 캐주얼입니까, 아니면 정장입니까?" 하고 물었습니다. 나는 모두 넥타이차림이라고 대답하면서 그런 것까지 왜 물으실까 생각했습니다.

클레어몬트 입구에서 커피를 한잔하면서 우리가 예정보다 좀 일찍 도착했다고 다시 전화를 드렸더니, 이번에는 "일행이 몇 명인가?" 하고 물었습니다. 원래는 네 명이 올 예정이었지만 지금은 셋이라고 답했습니다. 오전 10시 반 드러커는 감색 정장에 넥타이를 단정하게 매고 나타나 우리를 맞이해 주었습니다.

인터뷰를 마친 뒤, 우리는 그가 이미 예약해 놓은 식당으로 갔는데, 네 사람 자리가 마련되어 있었습니다. 그제야 우리의 옷차림과 일행 수를 확인한 이유를 알았습니다. 드러커는 철학과 사상을 말하기 좋아했고, 정치와 사회와 기업의 현실에 대해서 이야기 나누기를 즐기면서 그 연세에도 주변 사람들에게 깍듯이 예의를 지켰습니다.

아르투르 슈나벨

드러커는 어릴 때 음악 시간에 피아노 선생님에게서 실망스런 말을 들었습니다.

"너는 아무래도 모차르트를 아르투르 슈나벨처럼 연주할 수는 없을 것 같구나. 그렇다 해도 네가 슈나벨이 연주하는 방식으로 악보를 연주하지 못할 이유는 세상 어디에도 없단다. 심지어 위대한 피아니스트 슈나벨마저도 악보를 보고 끊임없이 연습을 하지 않았다면 모차르트를 제대로 연주하지 못했을 거야."

드러커는 경영 현상을 설명할 때에도 종종 음악에 관한 이야기를 예로 드는데, 이는 어릴 적부터 빈의 음악적 분위기에 흠뻑 빠져 있었기 때문입니다. 드러커는 음악가가 되지는 못했으나 적어도 자신이 배우는 올바른 방식은 '효과가 있는 것, 그리고 성과를 올리고 있는 사람들을 찾아 배우는 것' 이라는 사실을 깨달았습니다. 실패에서 배우는 것을 그만두고 성공에서 배우지 않으면 안 된다고 다짐했고, 그리고 자신의 강점이 아닌 분야에서는 손을 떼야 한다는 것도 배웠습니다.

Tip

인간은 자신의 약점을 고치고 보완할 기회만 엿보다가는 결국 강점을 살려서 성과를 올릴 기회를 놓치고 맙니다. 물론 약점을 고치고 보완하는 것은 중요합니다. 하지만 중요한 점은 B=f(P, E)라는 함수에서처럼 사람(P)은 잘 변하지 않는다는 것입니다.

학교 선생님은 학생의 단점에만 눈을 돌리는 경향이 있습니다. 예컨대 선생님은 학부모에게 "김 군은 구구단 곱셈을 좀 더 공부해야 합니다. 상당히 뒤져 있습니다."라고 말합니다. 인간은 재능이 없는 분야에서 발군의 성과를 올릴 수는 없습니다. 그 약점을 극복한 뒤에도 무리입니다. 뛰어난 성과를 올릴 수 있는 것은 자신할 수 있는 강한 분야에서만 가능합니다. 그러나 학교는 전통적으로 학생의 장점을 무시해 왔습니다.

이제 학생의 장점을 발견하고 키워 주는 교육이 실행되어 선생님들은 이렇게 말해야 합니다.

"김 군은 손재주가 뛰어납니다. 그 분야에서 두각을 나타낼 수 있는 재능을 지녔어요."

드러커는 음악 선생님이 자신을 꾸짖을 때 예로 든 그 유명한 아

세계 최초로 베토벤의 '피아노 소나타' 전곡을 녹음했던 아르투르 슈나벨.

르투르 슈나벨(Arthur Schnabel, 1882~1951)을 실제로 만난 적이 있습니다. 슈나벨은 지금은 폴란드 영토이지만 당시 합스부르크 왕가가 다스리던, 오스트리아 – 헝가리 이중제국의 슐레지엔 지방에서 태어났습니다. 그는 일곱 살 때 처음 피아노를 배웠는데 그의 스승은 유명한 테오도르 레셰티츠키(Theodor Lecshetizki, 1830~1915)였습니다. 레셰티츠키는 슈나벨에게 이렇게 말했습니다.

"너는 절대로 피아니스트는 되지 못할 것이다. 너는 음악가야."

슈나벨은 이 말을 가슴에 새겼고, 그 후 프란츠 리스트(Franz Liszt, 1811~1886)와 같은 기교파 작곡가들의 작품 연주는 피하고 모차르트, 베토벤, 슈베르트 등 독일 고전음악을 주로 연주했습니다. 드러커는 어린 시절 슈나벨을 만났을 때 배운 교훈을 1993년도 저서 『자본주의 이후의 사회』에서 '연습의 중요성과 연습 방법'의 사례로 설명했습니다.

"정말이지 피아노 건반을 두들기는 것보다 더 지루한 일은 없다. 그러나 명성을 날리고 연주활동이 많은 피아니스트일수록 그들은 더욱더 열심히, 시간이 나는 대로, 매일매일, 한 주도 빠지지 않고 연습하지 않으면 안 된다. 피아니스트들은 연주 기술을 아주 조금이나마 향상시키기 위해 여러 달 동안 같은 악보를 보고 계속 건반을 두들겨야 한다. 그리고 나서야 비로소 연습은 그들이 이미 마음의 귀로 듣고 있는 음악적 성과를 얻도록 해 준다. 그러나 여기서 중요한 것은 이러한 연습은, 어떤 사람이 재능을 갖고 있지 않는 분야의 일을 조금도 나아지게 하지는 않는다는 점이다. 어떤 사람에게 동기를 부여해 주고, 성취감을 느끼도록 하는 것은 그 사람이 이미 잘하고 있는 분야의 일을 더욱더 잘하도록 해 주는 것이다. 그러므로 성취 욕구를 높이려면 학생의 장점에 초점을 맞추어야 한다. 사실 학생의 장점을 찾아 그것에 집중하도록 하는 것이 바로 교사와 교습법에 대한 가장 올바른 정의(定義)다. 학교와 교사들은 물론 이것을 알고 있다. 그러나 그들은 좀처럼 학생의 장점에 맞추어 교육을 하지 않는다. 반대로 그들은 필연적으로 학생의 약점에 초점을 맞추고, 약점을 보완하려고 한다."

필리글러 신부님

드러커는 열 살이 되던 1919년, 그러니까 제1차 세계대전이 끝난 다음 해, 빈 되블린 김나지움(Wien Döblin Gymnasium)에 입학했습니다. 수업이 끝난 후에는 아버지의 친구가 책임자로 있었던 국립도서관으로 곧장 달려가 철학이나 사회학 책을 읽는 것을 좋아했습니다. 어느 날 종교시간을 담당했던 필리글러 신부님이 질문을 던졌습니다.

"여러분은 죽고 나서 다른 사람들에게 어떤 사람으로 기억되기를 바랍니까?"

학생들은 실존적인 질문을 받고 몹시 당황했습니다. 게다가 학생들은 자신이 언젠가는 죽는다는 사실을 꿈에도 생각해 보지 않았을 정도로 어렸기 때문에 아무도 대답할 수 없었습니다. 잠시 후 신부님은 껄껄 웃으며 말했습니다.

"나는 너희들이 이 질문에 대답할 거라고 기대하지 않았단다. 하지만 쉰 살이 넘을 때까지도 여전히 이 질문에 대해 대답을 할 수 없다면, 너희들은 인생을 헛산 것이 될 거야."

'내가 죽은 후 어떤 사람으로 남을 것인가?' 라는 화두는 드러커에게 평생의 나침반이 되었습니다. 만약 여러분이 행운아라면, 인생의 초기에 필리글러 신부님과 같은 도덕적 권위를 갖춘 사람을 만나게 될 것이고, 그 사람의 질문은 여러분이 살아가는 동안 내내 자기 자신을 되돌아보게 하는 등대가 될 것입니다. 이 책이 바로 그런 등대가 되길 바랍니다.

Tip

"나는 죽은 뒤 어떤 사람으로 기억되기를 바라는가?"
자신에게 이렇게 질문해 보십시오. 이것은 여러분 자신이 거듭나도록 유도하는 질문이기도 합니다. 이 질문은 나 자신을 앞으로 '무엇이든 될 수 있는' 사람으로 만들기 때문입니다.

조지프 슘페터

제1차 세계대전 직후, 오스트리아의 화폐 크로네는 제1차 세계대전 이전보다 그 가치가 1,000분의 1로 하락했습니다. 6개월 후에 크로네가 전쟁 전 대비 1만 분의 1로 떨어지자, 당시 오스트리아의 재무성 장관 헤르만 슈바르츠발트(Hermann Schwarzwald) 박사는 책

조지프 슘페터
경기순환에 관한 이론과 역사 그리고 통계의 종합적 성과인 『경기순환론』을 저술하였으며 케인스와 더불어 20세기 전반의 대표적 경제학자로 평가된다.

임을 지고 관직을 떠났는데, 후임이 바로 유명한 경제학자 조지프 슘페터였습니다. 그 당시 오스트리아의 정치는 사회주의자의 지배 하에 있었고 공공지출의 삭감이 승인되지 않았기 때문에 슘페터 또 한 1년 후인 1919년 각료직을 사임했습니다.

1922년 물가는 더욱 올랐습니다. 1914년에 1크로네로 살 수 있었던 물건이 무려 7만 5,000크로네를 지불해야 할 만큼 화폐 가치가 떨어졌던 것입니다. 요컨대 은행이 너무 많았습니다. 옛 오스트리아-헝가리 이중제국은 인구가 6,000만 명에 달했고 영업은행은 열다섯 개였습니다. 그런데 이중제국이 붕괴된 후 오스트리아 공화국이 되면서 인구가 600만 명으로 줄어들었는데도 은행의 수는 변함이 없었습니다. 여전히 오스트리아 빈에 본거지를 두고 활동했던 것입니다.

이 은행들은 제1차 세계대전 후 수년 내에 차례차례로 문을 닫았고 1930년대 초기에는 단 두 개밖에 남지 않았습니다. 슘페터는 인플레 억제는 경제이론이나 경제정책의 문제가 아니라 정치상의 결단의 문제라는 확신을 가진 채 사임했습니다. 슘페터는 그의 저서 『자본주의, 사회주의, 민주주의(Capitalism, Socialism and Democracy)』에서 민주주의는 궁극적으로 정치적인 의사결정 능력의 결여로 말미암아 인플레의 억제 내지는 정치에 실패하여 붕괴할 것이라고 예언했습니다. 오늘날 슘페터의 말은 현실로 나타나고 있습니다.

토마스 만

드러커는 어린 시절 간혹 아버지를 따라 아버지의 친구가 운영하는 살롱에 가서 귀동냥을 했습니다. 그러던 어느 날 자신의 의견을 발표할 기회를 얻게 됐습니다. 발표 주제는 '파나마 운하가 세계무역에 미친 영향' 이었습니다. 당시 파나마 운하는 개통된 지 10년 안팎이었던지라 아직 아무도 그 운하에 대해 문제 제기를 하지 않고 있었습니다. 드러커는 아무도 손대지 않은 분야를 먼저 조사해 연구 결과를 발표한 것입니다. 물론 학교에 제출하는 숙제 수준이었지만 청중 대부분이 어른이었던 까닭에 자못 긴장되었을 것임은 분명합니다.

당시 드러커가 출입했던 살롱에는 소설가 토마스 만도 있었습니다. 그런 명사들과 함께 대화를 나누고 토론하면서 드러커의 지적 수준은 더욱 높아졌고, 앞으로 자신도 그렇게 훌륭한 사람이 되고 싶다는 꿈을 꾸게 되었을 것입니다.

오스트리아 경제학파

경제학은 재화와 서비스의 생산 비용, 가격 결정, 그리고 기업의 이윤과 같은 것을 주로 다룹니다. 애덤 스미스와 카를 마르크스는 '재화와 서비스의 가치' 는 그것을 만들기 위해 투입된 노동의 양과 동일하다고 주장했습니다. 이런 주장을 '노동가치설(labor theory of value)' 이라고 합니다.

카를 멩거.

오이겐 뵘바베르크.

이런 주장에 대해 오스트리아의 경제학자 카를 멩거(Carl Menger, 1840~1921)는 재화나 서비스의 가격은 한계효용(marginal utility)에 의해 결정된다고 주장했습니다. 그것을 한계효용이론이라고 하는데, 한계효용이란 소비자가 재화나 서비스를 추가적으로 1단위 구매함으로써 얻는 추가적인 만족이나 편익을 말합니다.

배고픈 사람이 처음 빵을 한 개 먹을 때는 무척 맛있지만 차츰 배가 부르면 아무리 맛있는 빵이 있어도 먹지 않습니다. 이것은 한계효용이 떨어지기 때문입니다. 그러니까 가격 결정에는 원재료와 투입된 노동도 중요하지만 그 물건을 구입하는 사람의 한계효용도 중요한 것입니다.

카를 멩거는 한계효용이론과 주관적 가치이론의 발전에 크게 기여했고, 빈 대학교의 교수로 재직하면서 오이겐 폰 뵘바베르크(Eugen von Boehm-Bawerk, 1851~1914)와 프리드리히 비저(Friedrich von Wieser, 1851~1926) 등을 양성했습니다. 이러한 학자들을 경제학사에서는 오스트리아 경제학파라고 부릅니다. 비저는 멩거의 주관적 가치이론에 따른 접근법을 확대 적용하고 또 '기회비용(opportunity cost)' 개념을 도입함으로써 오스트리아 학파의 비용이론을 더욱 발전시켰습니다.

1876년생인 드러커의 아버지 아돌프 드러커는 1902년 스물여섯 살이 되던 해부터 오스트리아 외국무역성의 관리로 근무하면서 빈 대학교에서 시간강사 자격으로 경제학을 틈틈이 가르쳤는데, 학생들 중에는 슘페터, 미제스, 하이에크 등이 있었습니다.

우회생산과 고등교육의 의미

뵘바베르크는 1889년의 저서 『자본과 이자(Capital and Interest)』에서 시간의 중요성에 대해 수치를 제시하며 구체적으로 설명했습니다. 예컨대 한 어부가 하루에 물고기 3마리를 잡으면 가족과 하루를 살 수 있고 남는 것은 없다고 가정합시다. 그런데 조그만 배와 그물만 있다면 그 열 배인 30마리도 잡을 수 있다고 하면 어떨까요?

문제는 조그만 배와 그물을 만드는 시간이 한 달 정도 걸리는데 그동안 어떻게 먹고살 것인가 하는 것입니다. 만약 은행이나 어업협동조합 같은 곳에서 30일분 식량인 물고기 90마리에 해당하는 자금을 빌려 준다면, 어부는 첫 번째 한 달 동안은 배와 그물을 만들고, 두 번째 한 달 동안은 900마리의 물고기를 잡을 수 있을 것입니다. 그렇게만 된다면 두 번째 달 말에는 물고기 702마리를 갖게 됩니다.

계산은 이렇습니다. 우선 두 번째 달에는 생활비로 90마리를 소비하고 나면 810마리가 남는데, 거기서 빌린 돈 원금 90마리를 반환하면 720마리의 물고기가 남습니다. 여기서 다시 이자(빌린 90마리에 대한 두 달 이자로 월 10퍼센트로 18마리라고 가정하고)를 지급하면 702마리가 자기 몫으로 남게 됩니다. 한 달에 손으로 잡을 수 있는 90마리보다 월등히 많습니다.

이와 같이 그때그때 시간을 투입하여 생산한 것을 소비하는 대신에, 오랜 시간 동안 지식(배와 그물의 생산, 그리고 장기간 교육)에 투자하면 당장에는 손해이지만, 궁극적으로 유리하게 되는 현상을 뵘바베르크는 '우회생산의 이익(merit of roundabout production)'이

라고 불렀습니다.

　우회생산 기간은 달리 말해 지식생산 기간이라고 할 수 있습니다. 국가가 실시하는 의무교육에 이어서 개인이 고등교육에 시간을 투자하는 것은 우회생산을 위한 지식생산 기간입니다. 시간을 투입하여 지식축적 기간을 늘리는 것이 더 이익이 되고, 시간을 낭비하면 그만큼 손해입니다. 결국 시간을 어디에 투입하는가에 따라 미래의 승부가 결정되는 것입니다. 나중에 드러커는 이런 현상을 지식사회의 한

특성으로 보고 '지식사회는 배운 사람이 더 배워야 하는 사회'라고
지적했습니다.

Tip

드러커의 아버지는 제1차 세계대전 전과 후 오스트리아 경제학파가 깊이 뿌리를 내리게 하는 역할을 했습니다. 그리고 그는 드러커가 빈 대학교에 들어가 교수가 되기를 바랐기 때문에 드러커는 그런 길로 가기로 예정되어 있었습니다. 그러나 드러커는 오스트리아 경제학파의 거장들에게서 영향을 받았음에도 자신의 길을 갔습니다. 결국 피터 드러커는 그들을 초월하였고 오스트리아 경제학파의 이론을 경영학을 다지는 발판으로 삼았습니다. 집안에서 혹은 주변에서 여러분이 어떠어떠한 사람이 되어줄 것을 기대하고 있습니까? 그것이 본인의 가치관과 부합하는지 생각해 보세요.

대표적인 자유주의 경제학자, 미제스와 하이에크

미제스는 1906년에 빈 대학교에서 경제학 박사학위를 받았고 1909년부터 1934년까지 오스트리아 외국무역성의 공무원으로 근무하면서 빈 대학교의 강사 및 교수로 근무했습니다. 미제스는 1922년 『사회주의』를 발표하고 사회주의가 작동 불가능함을 증명했습니다. 모든 경제행위는 비용과 편익에 대해 화폐적 계산을 하여 이뤄집니다. 사회주의는 시장경제를 부정함으로써 경제행위의 가치를 측정할 수 없는 모순에 봉착하게 되므로 사회주의에서는 인간의 물질적 생활수준이 유지될 수 없을 뿐만 아니라 인간의 자유도 불가능하다고 주장했던 것입니다.

철저한 자유주의 경제학자인 미제스는 대량수요가 대기업 경제를 번영시키는 토대라고 일찍부터 생각하고 있었습니다. 사회주의에서

루드비히 폰 미제스.

하이에크.

는 인간의 물질적 생활수준이 유지될 수 없을 뿐만 아니라 인간의 자유도 불가능하다는 점과 모든 사람은 사회의 일부를 소유하고 있으므로 다른 사람에게 자신의 책임을 떠넘길 수 없다는 점 때문에, 개인은 사회가 파국으로 치닫고 있을 때 혼자서만 안전한 길을 찾을 수도 없다는 것을 인식했습니다. 따라서 모든 사람은 자신의 이익을 지키기 위해서 지적(知的) 투쟁에 뛰어들어야 하고, 이 싸움의 결과에 모든 사람의 이해가 달려 있기 때문에 투쟁에 관심이 없다고 도망갈 수 있는 사람은 없다고 했습니다. 미제스의 이런 생각은 드러커의 사상에도 그대로 반영되어 있습니다.

미제스는 제2차 세계대전이 발발한 직후 1940년 미국으로 이주하여 1945년부터 1969년까지 뉴욕 대학교에서 초빙교수로 경제학을 가르쳤는데, 미제스와 드러커는 세월이 흘러 뉴욕 대학교에서 다시 만나게 됩니다.

1974년 노벨경제학상을 받은 하이에크는 1917년 3월 제1차 세계대전이 끝나 갈 무렵 오스트리아군 포병장교로 참전했습니다. 그는 곧 패전을 경험했으며 군인은 실제 전투보다는 허기와 질병으로 인해 더 고통을 받는다는 사실을 알게 되었습니다.

같은 시기 러시아에서는 블라디미르 레닌(Vladimir Ilich Lenin, 1870~1924)이 세계 최초로 사회주의 혁명을 성공시켰습니다. 사회주의는 사람들을 전쟁의 폐허에서 구하고 신세계로 이끌어 준다고 선동했습니다. 이에 하이에크뿐만 아니라 수많은 똑똑한 젊은이들이 사회주의에 매력을 느꼈습니다.

1918년 군복무를 마치고 돌아온 하이에크는 빈 대학교에 입학하여 3년 만에 법학 박사학위를 취득했으며 2년 후에는 경제학 박사학위도 받았습니다. 그 후 미제스와 함께 오스트리아 정부에 근무했습니다. 미제스는 하이에크가 사회주의를 버리고 자유주의자가 되는데 큰 영향을 주었습니다. 하이에크는 미제스가 이끄는 프리바트 세미나에 정기적으로 참석하면서 친분을 쌓았고, 이러한 교분은 평생에 걸쳐 계속됩니다. 하이에크는 이렇게 회고했습니다.

"나는 사회주의가 해결책이라는 믿음으로부터 금방 벗어났는데, 그것은 내가 미제스의 직접적인 영향 아래 있었기 때문이다. 미제스는 사회주의적 해결책이 기술적으로 불가능함을 보여 준 위대한 저작 『사회주의』를 1922년 출판한 바 있다. (중략) 『사회주의』는 우리 세대에게 큰 충격을 주었으며 매우 느리게, 그리고 또 고통스럽게 우리들은 그 책의 중심적 주장에 설득되어 갔다."

신학자 마르틴 부버

드러커는 『미래의 결단』 『21세기 지식경영』 등 여러 저서에서 "기업 또는 개인은 자신의 약점을 보완하기보다는 강점을 더욱 보강하는 것이 더 낫다."고 주장했는데, 이는 마르틴 부버(Martin Buber, 1878~1965)의 저서에서 본 유태교 랍비의 다음과 같은 말에서 영감을 얻었다고 합니다.

"신은 누구나 생각할 수 있는 한의 잘못을 범할 가능성이 있는 존

마르틴 부버.

재로서 인간을 창조했다. 따라서 타인의 잘못에서 배우려고 해서는
안 된다. 타인의 훌륭한 행동에서 배워라."

　　지금까지 본 것과 같이 드러커는 자신의 전공분야와 직접적인 관
계가 없는 책들을 매우 많이 읽었습니다. "깊이 파려면 넓게 시작해
야 한다."는 말이 있습니다. 내가 드러커를 '지식 르네상스인'으로
지칭하는 것은 드러커의 지식 범위가 사회과학은 물론이고 신학, 교
육학 그리고 예술 분야까지 포괄하고 있기 때문입니다.

배우는 방법은 사람마다 다르다

드러커의 부모는 자택에서 파티를 자주 열었습니다. 매주 월요일에는 아버지가 주최한 '정치의 밤'이 열려 유수의 정치가와 학자 그리고 은행가들이 모였습니다. 매주 수요일에는 어머니가 '의학과 정신분석의 밤'을 열었고, 금요일에는 특별한 주제 없이 드러커의 집이나 부모님 친구들의 집에서 교대로 파티가 열렸습니다. 드러커의 동생 게르하르트는 파티에 별 관심이 없었지만 드러커는 반드시 참석했습니다.

드러커는 어릴 때부터 남의 이야기를 들으면서 배우는 것을 좋아했습니다. 그의 직업이 경영 컨설턴트인 이유가 여기 있다고도 할 수 있습니다. 컨설턴트는 고객의 이야기를 잘 들어야 하는 사람이니까요.

세상에는 올바르게 배우는 방법이 단 하나만 존재하고, 모두가 다 같은 방식으로 배운다는 전제하에 학교가 만들어졌지만, 사실 사람은 배우는 방식이 각자 다릅니다. 많은 일류 작가들, 예컨대 노벨문학상을 받은 윈스턴 처칠은 학교 성적이 나빴습니다. 그들이 겪은 최악의 고통은 지루함이었습니다.

원칙적으로 일류 작가는 듣고 읽는 식으로 배우지 않기 때문입니다. 그들은 글을 쓰면서 배웁니다. 글을 쓰면서 배우는 방식은 학교가 학생들에게 허용하는 방식이 아니므로 그들은 성적이 나쁠 수밖에 없습니다. 베토벤은 엄청난 양의 작곡 스케치북을 남겼습니다. 그렇지만 그의 말에 따르면, 그는 실제로 작곡을 할 때는 스케치북을 한 번도 쳐다보지 않았다고 합니다.

누군가 "그렇다면 도대체 당신은 왜 스케치북을 사용합니까?"라고 질문하면, 그는 "악상이 생각날 때 즉시 기록해 두지 않으면 곧 잊어버리니까요. 악상을 스케치북에 기록하면 절대 잊어버리지 않지요. 그러니 스케치북을 다시 볼 필요가 없지 않겠어요?"라고 대답했다고 합니다.

앞으로 이 책에서 자주 언급될 앨프레드 슬론(Alfred P. Sloan, 1875~1966) 회장은 GM을 세계 최대의 기업으로, 그리고 60여 년 동안 세계 최고의 성공적 제조기업으로 만들었습니다. 그는 경영활동 대부분을 소규모의 활기찬 회의에서 수행했으며 회의가 끝나자마자 자기 사무실로 달려가서는 회의 참석자에게 편지를 쓰느라 몇 시간을 소비했습니다. 이유는 이랬습니다.

"회의가 끝나고 즉각 사무실에 앉아서 회의 때 논의된 모든 것에 대해 곰곰이 생각해 보지 않으면, 그런 뒤 그것을 써 놓지 않으면, 나는 그것을 24시간 이내에 잊어버리고 말 것이다. 그것이 바로 내가 이런 편지들을 쓰는 이유다."

배우는 데는 대개 6가지 방법이 있습니다. 첫째, (강의를 듣거나) 생각나는 것을 '즉각 기록하는 방식'으로 배우는 것입니다. 베토벤이 그 예입니다. 둘째, 회의 혹은 강의 도중에는 아무런 기록도 하지 않고, '먼저 듣고 나중에 생각하고 또 정리하는 방식'으로 배우는 사람이 있습니다. GM의 앨프레드 슬론이 그 예입니다. 셋째, 자신이 말을 하고, '말하면서 그것을 스스로 정리하는 방식'으로 배우는 사람도 있습니다. 사전 원고 준비 없이 말하는 성직자, 교사, 변호사 등이 그렇습니다. 넷째, '다른 사람에게 가르치며' 자신도 배우는 사람도 있습니다. 교회의 간증이나 우수 판매원의 판매비결 발표회가 그렇습니다. 그들은 이렇게 말합니다. "내가 가르치는 이유는 나 자신이 하는 말을 들을 수 있기 때문이지요. 왜냐하면 그 뒤에 내가 쓸 수 있으니까요." 다섯째, 처칠이나 소설가와 같이 '직접 글을 쓰면서 스스로 정리하는 방식'으로 배우는 것입니다. 여섯째, 미켈란젤로와 모차르트를 비롯하여 많은 미술가들처럼 '실제로 작업을 하면서' 배우는 것입니다.

실질적으로, 자아지식(self-knowledge)에 관한 중요한 모든 요소들 가운데 가장 얻기 쉬운 것 하나가 바로 "당신은 어떻게 배우는가?"라는 질문을 하고 그에 대답하는 것입니다. 사람들은 거의 대부분 그것을 알고 있습니다. 그러나 그 다음 "그 (배우는) 지식에 기초해서 (실제로) 행동하는가?" 하고 물으면, 그렇게 하는 사람은 거의 없습니다. 그 지식에 기초하여 행동하지 않는 것은 자기 자신을 비성과(non-performance)로 몰아넣기 위해 스스로 저주하는 셈입니다.

저녁밥을 먹고 곧 곯아떨어지고는 새벽에 일찍 일어나 공부하는 학생도 있고, 밤늦게 공부하고 아침에는 늦잠을 자는 학생도 있습니다. 사람은 아침형도 있고, 저녁형도 있고, 올빼미형도 있습니다. 이것을 바꾸는 것은 쉽지 않기 때문에 너무 무리하지 말아야 합니다. 기업에서 유연출퇴근제도와 재택근무를 채택하는 것도 그런 이유입니다.

드러커의 교육사상에 대해서는 『자기경영노트(The Effective Executive)』와 『자본주의 이후의 사회』에서 집중적으로 다루고 있습니다.

피터 드러커의 저서

피터 드러커 지음, 이재규 옮김, 『피터 드러커의 자기경영노트』

드러커는 이 책에서 지식근로자의 목표달성능력에 필수적인, 배울 수 있고 또한 배워야 하는 다섯 가지 습관들을 제시한다. 시간을 관리하는 방법, 공헌하는 방법, 강점을 최대로 활용하는 방법, 업무의 우선순위를 결정하는 방법, 그리고 이를 바탕으로 목표를 달성하는 의사결정을 내리는 법이 그것이다.

피터 드러커 지음, 이재규 옮김, 『자본주의 이후의 사회』

이 책은 자본주의가 지식사회로, 단일민족국가가 세계적인 조직체로 변화하는 현대를 그리고 있다. 이 책의 구체적인 사안은 사회, 국제정치(국가조직) 그리고 지식이다. 인류 역사는 몇 백 년에 한 차례씩 사회 전체가 변모되는 변화를 경험했다. 드러커는 그 변화의 근본은 지식이라고 지적한다. 지식이 연장(도구), 공정, 상품 등에 적용됐을 때 인류 역사는 '산업혁명'을, 지식이 일(작업)에 적용됐을 때 인류 역사는 '생산성혁명'을 가능케 했고, 자본주의 아래서 생산의 기본 요소인 자본과 노동이 퇴색하고 지식이 유일한 생산 요소로 등장했다는 것이다. 따라서 자본주의 이후의 사회에서는 고도의 기술, 즉 지식을 가진 피고용인 없이는 '기업경영'이 불가능하게 되었다고 드러커는 강조하고 있다.

제 3 장

나를 경영하다

10대 후반 드러커는 주위의 기대를 저버리고 안락한 고향을 떠나
낯선 도시 함부르크를 향해 갔습니다.
스스로 목표를 설정한 것입니다.
그리고 함부르크에서 드러커는 앞으로 자신이 어떤 사람이 되어야 할지 그리고
무엇을 할지에 대해 자신의 판단으로 스스로 결정을 내립니다.

선택과 고통

인간은 어떤 계기를 통해 전혀 새로운 길을 걷게 되기도 합니다. 드러커는 한 무리의 집단 속에 끼어 전체주의적 국가와 사회의 보호 아래 아무런 생각 없이 살아가는 것이 아니라, 지식인으로서 개인적 판단을 근거로 자기 관리와 책임을 통해 스스로 살아가야 한다고 자각했습니다. 그것은 한 사건 때문이었습니다. 그 일은 드러커가 열네 살 생일을 맞이하기 8일 전에 일어났습니다.

그날은 1923년 11월 11일이었습니다. 합스부르크 가계의 마지막 황제 카를 1세(1918년 11월 11일 그는 국정에 참여하지 않겠다고 선언한 포고문을 발표했다)가 퇴위하고 공화제가 선포된 지 5년째 되는 날이었습니다. 이날 빈에서는 대대적인 기념행사가 개최되었고 가두행진이 있었는데, 이 가두행진에서 드러커는 빈의 제19지구 청년단의 선두에서 커다란 붉은 기를 들고 앞장섰습니다.

한참 행진을 하던 중 드러커는 몇 미터 앞에 물웅덩이가 있는 것을 발견했습니다. 그는 피하고 싶었지만 뒤에서 시위대가 밀고 들어오는 바람에 그만 물웅덩이에 발을 빠뜨리고 말았습니다. 당황한 드러커는 뒷사람에게 깃발을 넘기고 대열에서 이탈하여 집으로 돌아와 버렸고 앞으로 남들과는 다른 견해를 갖고 다른 길을 걷는 것이 숙명일 것이라고 느꼈습니다.

드러커는 지루하기 짝이 없는 김나지움 수업이 싫었고 또 퇴락하는 작은 나라 오스트리아의 수도 빈도 마음에 들지 않았습니다. 그런 상황에서 빠져나갈 수 있는 가장 쉬운 방법은 독일이나 영국에서 견습 일자리를 얻는 것이었습니다. 20세기 초에는 고등학교를 졸업한 후 곧 일자리를 찾는 것이 보편적이었습니다. 그러나 아버지는 드러커가 대학에 진학하여 교수가 되어야 한다고 단호하게 말했습니다. 아들의 적성을 알았기 때문에 "너는 장사꾼으로서의 재능이 부족하니 학자가 되는 것이 좋을 것 같다."고 조언했고, 드러커도 그 점을 인정했습니다.

그러나 드러커는 아버지의 기대를 저버리고 무역회사의 견습생 자리를 얻어 1927년 독일 함부르크로 떠났습니다. 그때 나이 열여덟 살이었습니다.

아버지는 그런 드러커를 못마땅하게 생각하면서도 아들이 기업에 입사할 수 있도록 도움을 주었습니다. 그리고 집을 떠나 멀리 가는 아들에게 엄하게 충고하는 것도 잊지 않았습니다.

"직장생활만 하다가는 결코 박사학위를 따지 못할 것이고, 만약 박사학위를 취득하지 못하면 너는 아무짝에도 쓸모없는 인간이 되고 말 게다."

드러커는 나중에 이렇게 회고했습니다.

"나는 몇 년이 지난 후에야 비로소 아버지가 왜 그랬는지 깨닫게 되었다. 아버지는 그런 식으로 도전장을 던지면 내가 참지 못한다는 사실을 잘 알고 있을 정도로 현명한 분이셨다."

자신의 판단에 의지한 결정

빈에서 프라하까지 4시간, 프라하에서 베를린까지 5시간, 그리고 베를린에서 함부르크까지 2시간. 그러니까 빈에서 함부르크까지는 최고 속도가 시속 400킬로미터가 넘는 독일의 고속열차 이체(ICE)로 달려도 11시간이 걸립니다. 1920년대 말에는 아마도 이틀은 걸리지 않았을까요? 드러커는 빈에서 대학 입학을 포기하고 그 먼 곳까지 자신의 판단으로 간 것입니다.

대학을 졸업하면 신분 상승에 유리하긴 했지만 당시 유럽의 대학들은 전문직업과는 관련 없는 순수 교육을 했기 때문에 대학을 나와도 직업인으로서 필요한 기능을 익힐 수 없었다고 합니다. 직장을 얻으려면 차라리 기술전문학교에 입학하거나 어떤 분야의 장인(匠人)을 찾아가 도제(徒弟)가 되는 길을 택해야 했습니다.

드러커는 무역회사에 다니면서 경영자는 단순히 '분석'만 하는 것으로는 부족하기 때문에 실제로 밖으로 나가서 조사를 해야 한다는 사실을 배웠습니다. 그가 근무하는 무역회사의 최대 수출품목은 값이 싼 자물쇠와 열쇠였습니다. 이 물건들은 주로 인도에 수출되었는데 1920년대 말 인도 사람들의 소득이 늘어났는데도 불구하고 자물쇠의 판매는 오히려 빠르게 줄어들기 시작했고, 4년 후 그 회사는 무너지고 말았습니다.

그런데 그 회사의 경쟁사는 그런 예상치 못했던 실패가 인도 시장에 어떤 기본적인 변화가 일어나고 있다는 뜻이라고 해석했습니다. 대부분의 인도 농부들에게는 자물쇠는 마법의 상징이어서 자물쇠 안에 든 귀중품을 훔쳐 가려는 도둑은 없었고 열쇠는 실제로 사용되지 않았습니다. 반면 도시의 중산층은 진짜 자물쇠가 필요했습니다. 따라서 그 경쟁사는 자물쇠를 두 종류로 나누어 제작했습니다. 먼저 잠금장치와 열쇠가 없이 단지 걸쇠만 당기면 되는 간단한 자물쇠를 만들어 기존의 제품의 3분의 1 가격으로 팔았습니다. 또한 매우 튼튼한 잠금장치에다 열쇠가 3개나 되는 고급 자물쇠를 만들어 가격을 두 배로 높여 팔았습니다. 결국 이 경쟁사는 인도의 자물쇠 시장을 장악하여 대성공을 거두었습니다.

Tip

예상치 못했던 실패에 직면했을 때 경영자들은 시장에 나가서 직접 관찰을 하고, 질문을 하고, 대책을 세워야 한다는 것을 드러커는 이때 배웠습니다. 이는 드러커의 경영사상을 이해하는 매우 중요한 열쇠입니다.

드러커는 첫 번째로 밟은 이국땅인 함부르크에서 마음껏 유익한 시간을 보냈습니다. 평일에는 오전 7시 반에 출근하여 오후 4시까지 일했고, 토요일에는 정오까지 일했습니다. 그리고 남는 시간을 활용하기 위해 함부르크 대학교 법과대학에 등록을 했습니다. 그러나 드러커가 함부르크 대학교에 등록한 것은 학문을 닦거나 교수가 되고 싶어서가 아니라 대학에 들어가기를 바라는 아버지를 더 이상 실망시키지 않기 위해서였습니다.

또 그 당시 오스트리아나 독일 대학생들은 강의실에 꼬박꼬박 출석을 하지도 않았고, 교수들도 학생들의 출석에 대해 까다롭게 굴지

요한 볼프강 폰 괴테.

찰스 디킨스.

제인 오스틴.

쇠렌 키르케고르.

빌헬름 폰 훔볼트.

도 않았기 때문에 일하면서 대학에 다니는 일이 가능했습니다.

무역회사 견습생 일은 정말 재미없었지만 드러커의 함부르크 시절은 충만함으로 넘쳤습니다. 드러커는 회사 가까이에 있던 함부르크의 유명한 시립도서관에서 저녁 시간을 보냈습니다. 특히 대학생은 원하는 대로 얼마든지 책을 빌려 볼 수 있었습니다. 또한 학생은 영화관의 무료입장권을 얻을 수가 있어서 일주일에 세 번은 무성영화를 즐겼고, 매주 한 번씩 오페라도 감상했습니다. 멘델스존과 브람스가 태어난 함부르크는 음악적인 전통도 오래되었고, 1678년 설립된 함부르크 주립 오페라단은 세계적인 명성을 누리고 있었습니다.

함부르크에서 머무른 15개월 동안 드러커는 독일어와 영어, 그리고 프랑스어로 된 책을 많이 읽었는데, 특히 찰스 디킨스(Charles Dickens, 1812~1870)의 기업소설과 제인 오스틴(Jane Austen, 1775~1817)의 사회비평, 그리고 괴테(Johann Wolfgang Goethe, 1749~1832)의 관찰력은 그 후 드러커의 저술에 자주 인용되었습니다.

또한 드러커는 덴마크의 종교 사상가이자 실존주의 철학의 창시자 쇠렌 키르케고르(Soren Kierkegaard, 1813~1855)에 심취했고, 1809년 세계 최초의 근대 대학인 베를린 대학교(지금의 베를린훔볼트 대학교)을 창설한 빌헬름 폰 훔볼트(Karl Wilhelm Von Humboldt, 1767~ 1835), 법 아래서의 자유를 주장한 법철학자 프리드리히 율리우스 슈탈(Friedrich Julius Stahl, 1802~1861) 등 독일의 위대한 사상가들에게 관심을 기울였습니다.

자신이 다스리는 다민족 합스부르크 제국을 보호하기 위해 유럽 전체에서 반(反)혁명의 국제적 동맹 고리를 엮었던 오스트리아의 재상 메테르니히(Klemens Wenzel Nepomuk Lothar von Metternich, 1773~1859), 근대적 체계를 갖춘 보수주의 이념의 기초를 확립한 영국의 의회주의자 에드먼드 버크(Edmund Burke, 1729~1797), 『영국의 헌법』을 펴낸 보수적 자유주의자 월터 배젓(Walter Bagehot, 1826~1877), 『미국의 민주주의』의 저자 프랑스의 알렉시스 토크빌 (Alexis de Tocqueville, 1805~1859) 등을 읽고 또 연구했습니다.

클레멘스 폰 메테르니히.

알렉시스 토크빌.

🌏 **Tip**

드러커는 도서관에서 진짜 대학교육을 받았던 셈입니다. 그가 나중에 '지식사회'와 '지식근로자'라는 개념을 고안하게 된 데에는 인문학과 정치학과 역사학에 대한 지적 편력이라는 배경이 있었기 때문입니다. 우리나라 청소년들의 경우, 입시와 입사시험 때문에 고전, 철학, 역사 등을 읽을 시간이 없다고 합니다. 그러나 긴 인생을 의미 있게 살아가려면 인문학의 이해와 음악과 미술 등 예술을 즐길 줄 아는 소양이 필요합니다.

베르디와 페이디아스의 교훈

어느 날 드러커는 19세기 이탈리아의 위대한 작곡가 주세페 베르디(Giuseppe Verdi, 1813~1901)의 오페라를 감상하게 되었습니다. 그것은 베르디가 여든에 작곡한 최후의 작품이자 유일한 희가극 오페라 〈팔스타프(Falstaff)〉였습니다. 참고로 베르디는 그때까지 비극 오페라만 작곡했습니다.

드러커는 〈팔스타프〉에 완전히 매료되어 버렸습니다. 그가 태어나 자란 빈은 문자 그대로 음악의 도시였고, 어릴 때 할머니와 선생님으로부터 음악 교육을 제대로 받았기 때문에 오페라를 관람한 적도 많았습니다. 하지만 베르디의 오페라를 본 것은 그때가 처음이었습니다. 집으로 돌아와 자료를 찾아본 드러커는 〈팔스타프〉가 여든 살의 노인이 작곡한 것이라는 사실을 알았습니다.

당시 겨우 열여덟 살이었던 드러커에게 여든이라는 나이는 도저히 상상이 되지 않았습니다. 요즘에는 여든이 넘는 사람도 흔히 볼 수 있지만 1920년대에는 평균수명이 겨우 쉰 살 정도였습니다. 그의 주변에는 그렇게 나이가 많은 사람도 없었습니다.

누군가가 베르디에게 이런 질문을 했다고 합니다.

"선생님은 19세기 최고의 오페라 작곡가로 인정받고 있으며 이미 유명인이 되셨는데 그 나이에, 왜 또 오페라를 힘들게 작곡하십니까? 그것도 엄청나게 벅찬 주제에 대해 말입니다."

베르디는 이렇게 대답했습니다.

"음악가로서 나는 일생 동안 완벽을 추구해 왔습니다. 완벽하게 작곡하려 했지만, 곡이 끝날 때면 늘 아쉬움이 남았습니다. 분명 나는 한 번 더 도전해야 할 의무가 있다고 생각합니다."

베르디의 이 말, "나는 한 번 더 도전해야 할 의무가 있다."는 말은 드러커에게 평생 지울 수 없는 강한 인상을 남겼고, 앞으로 무엇을 하든지 '완벽을 기하기 위해 노력한다.'는 베르디의 교훈을 인생의 길잡이로 삼겠다고 결심했습니다.

그 무렵 드러커는 '완벽'의 의미를 다시 한 번 되새기게 하는 글을 읽었습니다. 그것은 고대 그리스 페리클레스 시대의 위대한 조각가 페이디아스(Pheidias)에 관한 이야기였습니다. 페이디아스는 기원전 440년경 여러 조각 작품들을 제작했는데, 그것들은 2,400년이 지난 지금까지도 아테네 파르테논 신전의 지붕 위에 전시되어 있습니다. 페이디아스의 작품들은 오늘날까지도 서구 미술역사상 최고의 걸작으로 손꼽히고 있으며 당시 사람들도 모두 그의 작품을 격찬했습니다. 그러나 정작 페이디아스가 아테네의 재무관에게 대금 청구서를 제출하자 재무관은 엉뚱한 이유를 대며 지불을 거절했습니다.

베르디의 오페라 〈팔스타프〉의 한 장면.

페이디아스가 조각한 아테네 파르테논 신전 내부의 아테네 여신상.

"조각들은 신전의 지붕 위에 세워져 있고, 신전은 아테네에서 가장 높은 언덕 위에 위치해 있습니다. 따라서 사람들은 조각의 전면밖에 볼 수가 없습니다. 그런데도 당신은 우리에게 조각 전체 값을, 다시 말해, 아무도 볼 수 없는 조각의 뒷면 작업에 들어간 비용까지 청구했습니다. 어떻게 생각하십니까?"

이에 대해 페이디아스는 당당하게 대꾸했습니다.

"아무도 볼 수 없다고? 당신은 틀렸습니다. 하늘의 신들은 이미 보고 있소."

드러커는 자신도 역시 늘 페이디아스처럼 살지는 못했고, 제발 신들이 눈치채지 않기를 바라는 식으로 일을 많이 해 왔다고 회고했습니다. 하지만 페이디아스의 이야기를 통해 어떤 일을 할 때 오직 하늘의 신들만이 그것을 보게 될지라도 완벽을 추구하지 않으면 안 된다고 결심했다고 합니다.

가족기업

드러커가 토마스 만을 만나고 또 그의 소설을 읽은 것은 10대 때였습니다. 토마스 만의 소설 『부덴브로크 가의 사람들(Buddenbrooks)』은 부덴브로크 성(姓)을 가진 상인 집안의 4대에 걸친 이야기로서, 주인공 토마스를 중심으로 그의 조부모, 부모, 그리고 토마스의 아들 하노와 안토니의 딸 에리카 등이 겪는 희비극입니다. 부덴브로크 가문의 사람들은 무엇보다도 근면, 성실, 절약, 일에 대한 열정을 최고의 가치로 여기고 살아갑니다. 몰인정하다는 평을 듣기도 했지만 할 수 있는 한 열심히 일하고, 그만큼 벌고 번 만큼 쓰고, 그렇게 열심히

살다 보면 자신의 계층이 한층 향상될 수 있다는 희망을 갖고 사는 사람들이었지요. 그러나 그들 가운데 인생에 대한 확고한 신념을 가진 사람은 아무도 없었습니다. 그리고 토마스의 아들의 죽음으로 일가는 몰락합니다.

1대는 창업을 하고, 2대는 상속 재산을 바탕으로 가업을 더욱 확장하고, 3대에 이르러서는 부를 바탕으로 정계에 진출하거나 귀족이 되어 예술을 즐기고, 4대에는 없는 것이 없이 즐기며 살다가 몰락하기 시작하는 것입니다. 3대까지는 '이룬 성취'이지만 4대부터는 '받은 성취'입니다. 4대는 조상에게서 많은 것을 받았다는 심리 때문에 그것을 축소해서는 안 된다는 엄청난 책임감을 감당하지 못하고 역설적으로 자멸하고 마는 것입니다. 우리나라의 속담 "부자 3대 못 간다."는 말도 이와 비슷한 맥락입니다.

르네상스 시대 유럽의 상업과 금융의 중심 도시였던 이탈리아의 도시국가 피렌체가 지금은 별로 규모가 크지도 않은 한낱 관광도시로 전락한 이유는, 피렌체의 중심 가문이었던 메디치 가문을 비롯하여 피렌체 사람들의 성취 욕구가 사라졌기 때문이라고 합니다.

국가든, 도시든, 가문이든, 기업이든 간에 끊임없는 혁신을 추진하도록 의욕을 불러일으키는 기업가정신과 성취 욕구야말로 생존과 번영의 열쇠입니다.

기업에 헌신하는 가족기업만이 살아남을 수 있다

드러커는 각국의 정부와 공기업, 대기업과 중소기업, 그리고 박물관과 교회 등 비영리단체에 대해서도 컨설팅을 했는데, 1995년 여든여섯 살의 나이에 발표한 『미래의 결단(Managing in a time of great change)』에서 제4장은 가족기업에 대한 충고를 담고 있습니다. 미국을 포함하여 다른 모든 선진국에서도 대부분의 기업들은 가족이 지배하거나 경영합니다. 그리고 가족기업이라고 해서 꼭 규모가 작은 것도 아닙니다. 세계적인 대기업들 중에는 가족이 경영하는 기업들이 많이 있습니다.

예를 들어, 청바지로 유명한 리바이 스트라우스는 150년 전 창립된 후 지금까지 가족이 경영하고 있고, 듀폰 역시 1802년에 창설되어 1970년대 중반 전문경영자가 등장할 때까지 170여 년간 가족이 지배하고 경영해 왔습니다. 이름 없는 조그마한 유태인 환전상 암셀 마이어 로트실트(로스차일드)는 1760년 프랑크푸르트에서 금융업을 시작한 후 아들들을 런던, 파리, 빈, 나폴리 등 유럽의 여러 도시들에 보내 은행을 설립하게 한 지 200년이나 지난 오늘날에도 가문이 기업을 경영하고 있습니다. 우리나라의 재벌그룹들, 예컨대 삼성, LG, 현대, 롯데 역시 모두 가족기업입니다.

5세대 또는 6세대까지 이어지는 가족기업들, 예를 들면, 리바이 스트라우스, 듀폰, 로스차일드 같은 대기업들은 사실 극히 예외적인 사례입니다. 4대째까지 내려오는 가족기업도 찾기 힘듭니다. 가족기업을 4대에 이르도록 성공적으로 운영하면 무슨 원칙이라도 있는 것처럼 그 가족기업의 수명은 다하게 됩니다. 왜냐하면 그 가문에서 가장 유능한 사람이라도 자신의 장래를 회사에 헌신하기보다는 개인적인 관심사나 전문적인 경력을 쌓는 것을 더 원하게 되기 때문입니다. 또한 그때쯤이면 가문의 구성원들이 너무 많아 소유권도 분산되어 버리고, 제4대째의 가족 구성원들이 갖고 있는 회사의 주식들은 더 이상 '소유권자'가 아니라 그저 '투자자'의 것으로만 역할을 할 뿐입니다.

드러커는 가족기업이 살아남으려면 최소한 다음과 같은 점을 유념해야 한다고 충고했습니다.

첫째, 가족의 일원이라 하더라도, 적어도 가족이 아닌 다른 종업원들만큼 유능하고 최소한 그들만큼 열심히 일하지 않으려면 가족기업에 근무해서는 안 된다.

둘째, 최고경영자들 가운데 적어도 한 명은 객관적인 외부사람으로 채워야 한다.

셋째, 아주 영세한 소기업을 예외로 하고, 가족기업은 재무, 생산, 판매 등 주요한 직책에 가족이 아닌 전문가를 배치할 필요성이 점점 더 높아진다.

넷째, 후계자 선정은 가족이나 기업 어느 쪽에도 편향되지 않는 외부인들의 판단에게 맡긴다.

요컨대 가족기업 경영을 위한 네 가지 원칙은 가족(family)이 기업(business)에 봉사할 때만 '가족'도 '기업'도 살아남을 수 있다는 것입니다.

피터 드러커의 저서

피터 드러커 지음, 이재규 옮김, 『미래의 결단』
피터 드러커는 이 책에서 '스스로를 다시 생각함으로써 회생할 수 있다.'고 전제하고 기업의 5가지 치명적 실수, 가족기업을 경영하는 규칙, 대통령을 위한 6가지 규칙, 새로운 국제시장의 개발, 3가지 종류의 팀조직, 오늘날 경영자들이 필요로 하는 정보 등 바람직한 미래를 실현하기 위한 방안을 제시하고 있다.

·제 4 장·

세상과 싸우다

드러커는 좀 더 큰 기회를 잡기 위해 함부르크를 떠나 프랑크푸르트로 떠났습니다.
프랑크푸르트 대학에서는 박사학위를 받았고 신문기자로 활동했으며
그곳에서 평생의 반려자까지 만나게 되었습니다.
그러나 프랑크푸르트는 기회의 도시만은 아니었습니다.
대공황 때문에 직장을 잃었고 나치가 만들어 낸 잔혹한 현실을 목격해야 했습니다.
그리고 자신의 견해를 밝힌 소책자를 펴내고 나치가 강점하기 직전 탈출합니다.
드러커는 자신이 본 현상의 의미를 정확히 파악하고 그것이 가져올 미래를 예견했습니다.

도전과 시련

드러커는 함부르크에서 무역회사 사원 겸 대학생으로 2년을 보낸 후 1929년 1월 프랑크푸르트로 거처를 옮겼습니다. 월스트리트에 본점을 둔 투자은행의 프랑크푸르트 지점에 근무하게 되었기 때문이었습니다. 그것은 오스트리아 사람인 드러커가 영어를 잘했기 때문에 얻은 일자리였습니다

프랑크푸르트는 갓 스무 살이 된 드러커가 제대로 된 직업을 갖게 되어, 사회인으로서 첫발을 내딛는 희망의 장소였습니다. 하지만 여느 사람들과 마찬가지로 수많은 충격적 사건들을 경험했습니다.

지점장은 일을 할 때는 신입사원이라고 해서 봐주는 것이 없었습니다. 그는 드러커에게 독일, 네덜란드, 이탈리아, 그리고 프랑스의 섬유회사를 하나로 합병하는 업무를 맡겼습니다. 당시 열아홉 살이었던 드러커는 증권시장 분석 연수생이었고 기업합병에 대해서는 아무것도 모르는 백지상태였지만 열심히 일했습니다. 드러커가 지점장에게 궁금한 사항을 물어보러 가면 그는 벼락같이 호통을 쳤습니다.

"그 문제에 대해 자네가 좀 더 찾아봐. 참고가 될 만한 조사가 끝나기 전에는 나한테 와서 물어보지 말게나."

따라서 드러커는 스스로 자료를 찾아야 했고, 그 과정에서 많은 것을 배울 수 있었습니다. 당시 너덧 명이 같이 일하고 있었는데, 지점장은 직원들을 각각 다르게 대했습니다. 그는 사람들을 살펴보고 그가 무엇을 해야 하는지 파악한 뒤, 그 사람의 능력 이상의 것을 요구했으며, 그 능력이 매우 전문적인 수준에 이를 때까지 요구 수준을 점점 더 높였습니다.

그때 드러커가 배운 사실은 "사람들 각자의 장점을 파악하여 각각 다르게 대우하라."는 것이었습니다. 하지만 1929년 10월 24일 뉴욕 증권시장이 폭락하고 대공황이 불어닥치자 드러커 역시 며칠 뒤 일자리를 잃고 맙니다.

2008년 미국에서는 불량주택 담보채권으로 인한 경제위기가 발생했습니다. 이른바 서브프라임 모기지(subprime mortgage) 사태로 발생한 이 금융위기를 흔히 대공황 이래 가장 심각한 불황이라고 평가하고 있습니다.

제1차 세계대전이 끝나고 1920년대 미국은 번영과 평화의 시기를 누렸습니다. 당시 미국의 주식시장에 '하락'이라는 단어는 아예 존재하지 않았습니다. 미국 내 기업과 개인들 모두 전례 없이 투자를 확대함에 따라, 미국 증권시장에 상장된 기업들의 주식가치는 급격히 상승했고, 실업률은 제로에 가까웠습니다. 모든 사람들이 풍부하게 돈을 갖고 있는 것처럼 보였습니다. 1925~1929년 사이 뉴욕 증권거래소에서 거래되는 주식의 시가총액은 두 배로 늘어났습니다. 1928년 미국 대통령 후보였던 허버트 후버는 "신의 가호로 미국에서 빈곤이 곧 소멸되는 것을 보게 될 것"
이라고 장담했습니다.

그러나 1920년대가 저물어 가면서
미국의 번영에 그늘이 지기 시작했습
니다. 공장에는 재고가 쌓여서 기업들
은 제품의 생산량을 줄이거나 아예 공
장 문을 닫았습니다. 일거리가 없는
종업원들에게 감원 바람이 불어닥쳤

1929년 경제 대공황 시 은행이 파산하자 사람들은 일자리를 잃었다. 사진은
당시 고객들이 은행 앞에서 몸싸움을 벌이고 있는 모습이다.

습니다. 상점과 창고에는 물건이 주체하지 못할 만큼 쌓여 있는데도
사람들은 굶주렸습니다.

1929년 10월 24일 목요일 마침내 거품이 터졌고, 미국 시민들이
소유하고 있던 주식과 채권은 모조리 휴지조각으로 변하고 말았습
니다. 미국경제의 불황은 곧 전 세계로 확산되었습니다.

자본주의 세계의 경제흐름은 주기적인 변동이 있어서 예측이 가
능하다고 합니다. 즉 호황과 침체가 서로 번갈아 나타난다는 것입니
다. 공황은 자본주의 경제체제에만 나타나는 현상입니다. 상품의 가
격이 떨어지면 생산이 줄고, 가격이 오르면 생산량을 늘립니다. 상
품의 수요와 공급이 소위 '보이지 않는 손'에 의해 균형을 이룰 때
는 별 문제가 없지만 균형이 깨지는 순간, 현실은 악몽으로 바뀌는
것입니다. '암흑의 목요일(Black Thursday)'로 월스트리트의 많은
투자은행들이 문을 닫자, 프랑크푸르트의 외국 지점들도 속속 폐쇄
되었고 드러커 역시 비자발적 실업자가 되었습니다.

암흑의 목요일
1929년 10월 24일 목요일과
10월 29일 화요일(일명 '암흑
의 화요일')에 뉴욕증권시장에
서 일어난 일련의 주가 대폭
락 사건을 가리킨다. 2009년
9월 3일 381.170이던 다우지수
가 10월 24일 299.47로 20퍼
센트 이상 하락해 급히 거래
소 문을 닫았지만 이미 11명의
투자가들이 자살했다. 이어
10월 29일에는 다우지수가
230.077까지 폭락했다. 이후
경제가 정상으로 돌아온 듯했
지만 1930년 말부터 1932년
까지 주가가 꾸준히 폭락하면
서 세계 대공황의 발단이 되
었다.

인생을 살다 보면 불행이라 생각했던 것이 시간이 흘러 행운으로 돌아올 때가 있어. 일하던 투자은행이 파산했지만 그때 번역한 보고서로 인해 해외 및 경제뉴스 편집기자로 일할 수 있게 되었지.

　전화위복이랄까, 드러커는 투자은행 지점이 파산하여 일자리를 잃었지만 곧 신문기자가 될 기회를 잡았습니다. 그는 실직하기 직전에 투자은행의 미국 본사로부터 도착한 〈뉴욕의 주식 폭락은 곧 끝날 것〉이라는 제목의 영문 보고서를 독일어로 번역하여 프랑크푸르트의 유력 석간지 「프랑크푸르트 게네랄 안차이거(Frankfurt General-Anzeiger)」에 기고한 적이 있었습니다. 그때 안면이 있는 한 편집인의 소개로 신문사의 사주를 만났는데, 드러커의 사정을 들은 그는 그 자리에서 해외 및 경제뉴스의 금융담당 편집기자로 채용해 주었습니다. 그러자 신문사 내에서는 즉각 불평이 쏟아졌습니다.

"발행부수가 50만 부가 넘는 유력 신문의 중요 지면을 경험도 없는 젊은 놈에게 맡긴다는 게 말이 되느냐."

드러커는 신문사에 입사한 지 2년이 되던 1931년, 부편집장 중 한 사람으로 승진했는데, 입사 2년차에다 갓 스물두 살을 넘긴 사람에게 부편집장이라는 직위를 준다는 것은 지금 시대에도 파격적인 대우입니다. 그것은 물론 드러커가 우수했다는 점도 있었지만 또 다른 사정이 작용했습니다. 당시 유럽은 제1차 세계대전 중이었기 때문에 우수한 인재들이 참전해 목숨을 잃는 바람에 30세 전후의 뛰어난 젊은 인력이 부족했던 것입니다.

프랑크푸르트 대학

드러커는 투자은행에 다니면서 대학도 프랑크푸르트 대학교로 옮겼는데, 당시 유럽에서는 재학 중이던 대학에서 다른 대학으로 쉽게 전학할 수가 있었습니다. 프랑크푸르트 대학교의 사회연구소는 유명한 프랑크푸르트학파를 만들어 낸 모체인데, 오늘날 유럽의 진보 사상의 뿌리가 바로 프랑크푸르트학파입니다.

프랑크푸르트 사회연구소에는 발터 벤야민(Walter Benjamin, 1892~1940), 헤르베르트 마르쿠제(Hebert Marcuse, 1898~1979), 에리히 프롬(Erich Fromm, 1900~1980) 등이 활동하고 있었는데,

발터 벤야민.

헤르베르트 마르쿠제.

에리히 프롬.

도리스 드러커의 저서
『Invent Radium or I'll
pull your hair』.

1933년 히틀러가 집권하자 이들이 택한 망명지는 진보 사상의 종주국 소련이 아니라 서구였습니다. 마르쿠제와 에리히 프롬은 미국으로 망명했지만 벤야민은 도주하다가 죽고 말았죠. 에리히 프롬은 나중에 미국의 버몬트 주에 있는 베닝턴 대학교에서 드러커와 함께 강의를 하게 됩니다.

1931년 스물한 살이었던 드러커는 프랑크푸르트 대학교에서 국제법 및 국내법 법학박사학위를 취득했습니다. 이를 계기로 드러커는 프랑크푸르트 대학교의 법학부에 시간강사 자격을 얻게 되었고, 국제법 담당의 병약한 노교수 대신에 국제법 세미나를 진행하거나 교수의 수업시간에 대신 강의를 하기도 했습니다. 물론 기자 활동도 병행했습니다.

드러커의 강의를 청강하는 학생은 대부분 남학생이었고 여학생은 몇 명되지 않았습니다. 그중 독일 쾰른에서 온 도리스 슈미츠(Doris Schmitz)라는 여학생이 있었습니다. 도리스는 드러커보다 겨우 세 살 아래였습니다. 두 사람은 처음엔 교수와 학생 사이였으나, 나중에 런던에서 운명적으로 재회하게 되면서 연인으로, 또 부부 사이로 발전하게 됩니다.

2006년 도리스 드러커가 우리나라를 방문했을 때의 모습.

나치의 속셈을 꿰뚫어 보다

드러커는 1927년 아돌프 히틀러(Adolf Hitler, 1889~1945)가 베를린에서 처음 나치 회의를 조직하고 또 권력을 잡는 기간 동안 내내 함부르크의 한 수출회사의 견습사원으로, 함부르크 대학교와 프랑크푸르트 대학교에서 법학을 공부하는 학생으로, 그리고 프랑크푸르트에서 증권분석가로 활동하면서 권력의 집중이 초래하는 위협을 일찍이, 그러나 어렴풋이 감지했습니다.

기자가 된 드러커는 독일 정치 무대에 한층 더 두각을 나타내고 있던 나치의 당수 히틀러와 그의 오른팔인 파울 요제프 괴벨스(Paul Joseph Goebbels, 1897~1945)의 연설을 여러 번 들었고 직접 인터뷰도 했습니다. 나치는 어떤 연설에서 "우리들은 빵 값의 인상도 인하도 혹은 동결도 원치 않는다. 단지 나치에 의한 빵 값을 원할 뿐이다."라고 호소하여 농민들의 갈채를 받았습니다. 그 말은 파시즘의 본질을 정확하게 표현하고 있었습니다. 괴벨스는 다음과 같은 내용의 연설도 했습니다.

"농산물 가격의 인상으로 농민은 소득을 올리고, 도시의 노동자는 빵 값의 인하로 생활비를 줄이고, 빵 가게와 식료품 가게는 모두 더 많은 이익을 남길 것이다."

이 말은 분명 모순입니다. 청년 드러커가 살았던 시대에는 새로운 신조와 새로운 질서가 없었기 때문에 그런 모순이 가능했습니다. 독일의 나치스는 1919~1945년, 이탈리아의 파시스트는 1921~1943년 사이에 존재했으므로 드러커는 청년 시절 두 사상을 모두 경험했습

아돌프 히틀러.

대중을 선동하고 있는 요제프 괴벨스.

니다. 그것도 관찰력이 뛰어난 기자로서 말입니다. 그러나 청중들은 거짓 선전술에 열광했습니다. 신문사의 기자들은 나치의 선전을 기껏 선거용 슬로건일 뿐이라고 치부했지만, 드러커는 나치의 등장을 심각하게 받아들였습니다.

그는 곧 파시즘의 폭풍이 불어닥칠 것이라고 판단했습니다. 동료 기자, 정계 인물, 산업계 리더들을 만날 때마다 나치의 위험성에 대해 경고를 했지만 독일의 우익 정당들은 '비천한 집안 출신인 히틀러를 다루는 것은 간단한 일'이라고 나치의 존재를 치부했습니다.

1933년 1월 결국 나치가 독일의 정권을 장악했습니다. 그때 프랑크푸르트 대학교는 드러커에게 조교보다 한 단계 높은 직위인 임명직 강사직을 제안했습니다. 그 당시 독일의 대학에 임명직 강사가 되면 외국인은 자동적으로 독일 시민권을 얻게 되는 규정이 있었습니다. 그러나 드러커는 독일 시민이 되어 히틀러의 신하가 되는 일만큼은 죽어도 싫었습니다. 당시는 직장을 옮기기가 쉽지 않은 시절이었지만, 한시바삐 프랑크푸르트를 탈출해야겠다고 생각했습니다.

드러커는 기자와 강사 활동을 병행하면서도 독일에 머물러 있지 않을 구실을 생각해 냈습니다. 어차피 독일을 탈출한다면 저널리스트로서 자신의 입장을 명확하게 하고 제 몫을 다한 사람으로 인정받고 싶었던 것입니다. 그는 독일의 보수주의적 정치철학자 프리드리히 율리우스 슈탈을 주제로 한 소책자를 발간했습니다. 슈탈은 나치가 혐오하는 개종한 유태인이었습니다. 따라서 1930년대에 '독일 보수주의의 아버지'로 불리는 슈탈에 관한 논문을 발표하는 것은

나치에 대한 정면공격이었던 셈입니다.

「프리드리히 율리우스 슈탈 : 보수적 국가이론과 역사발전」이라는 제목의 소책자를 정치학 및 정치사 분야에서 가장 잘 알려진 튜빙겐 소재 모어 출판사에 보냈습니다. 32쪽 분량의 소책자는 두 달 후인 1933년 4월 26일 「법과 정치」 시리즈 100호 기념호로 출판되었고, 책은 드러커의 의도대로 금방 나치의 눈에 띄었습니다. 결국 즉각 판매금지 처분이 내려져 불태워졌습니다.

1933년 2월 26일 정오, 프랑크푸르트에 온 지 약 4년 1개월 만에 드러커는 다시 빈으로 떠났습니다. 그것은 나치로부터 탈출이었습니다. 드러커가 프랑크푸르트에 그냥 눌러 있었다면 아마도 그는 죽음을 면치 못했을 것입니다.

마르크스 공산주의의 실패가
나치 전체주의를 초래했다

고대 그리스 로마의 헬레니즘과 유태 기독교의 헤브라이즘 이래, 자유(freedom)
와 평등(equality)은 유럽을 지탱하는 두 가지 기본 개념이었습니다. 모든 권력
자들은 등장할 때마다 합법적 권력을 획득하려는 근거로, 궁극적으로 자유와
평등을 달성한다는 약속을 내세웠지요. 유럽의 역사는 이런 개념들을 사회적
실존으로 실현시키려는 노력의 역사라고 할 수 있습니다.

자유와 평등을 부정하는 전체주의는, 제1차 세계대전 이후 제2차 세계대전
직전인 1920~1940년대 후발 자본주의 국가에서 농민들의 권위주의적 정서와
자본주의와 사회주의의 약속 불이행과 위기 등이 맞물려 나타난 정치적 · 경제
적 지배체제입니다. 구체적으로 이탈리아와 스페인의 파시즘(fascism), 독일의
나치즘(nazism), 러시아의 스탈린주의(stalinism), 일본의 군국주의(militarism)
등으로 나타났습니다. 전체주의의 특징은 국가의 절대 우위, 군사적 가치관, 반
자유주의적 국가주의 이념 등인데, 제1차 세계대전 이후 유럽의 정신적 질서와
사회적 질서가 붕괴된 결과로 등장한 것입니다.

자본주의는 경제적 목적 달성에 성공했지만 평등은 달성하지 못했습니다. 게
다가 자본주의 사회에서는 주기적으로 공황을 맞아야 했습니다. 1929년 드러
커의 일자리를 빼앗은 대공황처럼 전쟁이 일어나지 않은 평화로운 사회에서도
비합리적이고 예측할 수 없는 세력들이 사람들을 위협하고 있었습니다. 즉, 갑
자기 한 집안의 가장이 영영 일자리를 찾을 수 없게 되거나 한창 일해야 할 젊은
이 혹은 일을 아직 시작도 해 보지도 못한 청소년들이 산업 쓰레기 더미에 내동
댕이쳐질 위험에 처할 수 있다는 것이 증명된 것입니다.

유럽의 붕괴에 결정적 역할을 한 것은 마르크스 사회주의(Marxist Socialism)
실패입니다. 마르크시즘은, 자유가 없고 불평등한 자본주의 사회를 극복하고,
그리고 계급 없는 사회(classless society)를 만들어 자유와 평등을 실현하겠다
고 약속하여 대중의 인기를 끌었습니다. 그러나 '계급 없는 사회'를 지향하는

사회주의 국가의 새로운 사회적 계층, 즉 공산당 간부와 테크노크라트 계급은 어떤 이유로도 합리화될 수가 없었습니다.

마르크시즘의 신념 체계에 빼놓을 수 없는 근본 강령 가운데 하나가 착취자의 제거입니다. 자본주의는 경쟁의 결과로 점점 더 규모가 큰 생산단위(producing unit)로 통합되는 경향을 보이는데, 그렇게 되면 재산은 몇몇 소수에게 집중되고, 특권을 누리는 남다른 사람들의 숫자도 당연히 감소될 것입니다. 그 몇몇 착취자들을 제거하면 필연적으로 모두가 프롤레타리아처럼 동등해지는 사회구조로 발전합니다. 소수가 가진 재산을 몰수하게 되면 계급 없는 사회, 노동자 공동체 사회가 달성된다는 뜻입니다. 그러나 실제로는, 특권을 누리는 새로운 남다른 사람들, 즉 공산주의 국가의 권력 엘리트들의 숫자는 기하급수적으로 증가합니다. 따라서 그런 사회가 바로 사회주의가 초래하는 불가피한 결과라는 사실이 밝혀지자, '미래 사회 질서의 모범'으로서 인식되었던 마르크스주의자 신조(Marxist creed)에 대한 기본적 신뢰가 근본적으로 무너졌던 것입니다.

자유와 평등이라는 오래된 신념과 제도를 포기하는 풍조는 민주주의라는 정치 체제와 관련해서도 발생했습니다. 서구사회는 민주주의를 획득하기 위해 투쟁했고 또 피를 흘렸습니다. 그러나 그런 매력마저도, 실업이라는 악마를 퇴치하는 대가로 민주주의의 포기를 요구하는 현실과 직면하게 되면 즉각 사라졌습니다. 히틀러와 무솔리니는, 그들의 정부가 국민의 99퍼센트의 지지를 얻게 되자, 유일한 '진정한 민주주의'를 실현했다고 선포했습니다. 그러나 그들에게 반대하는 투표를 범죄행위로 규정함으로써, 그들은 어떤 사람도 투표를 할 자유가 있다는 허구를 공공연하게 철폐했습니다. 또한 그들은 국민의 위탁에 의해서가 아니라 신의 위탁을 받아 통치한다고 선포했습니다.

파시즘이 이성(理性)에 등을 돌리고, 그리고 이성에 대한 믿음을 거부하는 이유는, 그것이 파시즘의 본질이기 때문입니다. 파시즘은 자신의 과제를 오직 기적을 통해서만 완수할 수 있습니다. 대중이 파시즘과 나치즘에 떼 지어 몰려들고, 그리고 무솔리니와 히틀러에게 몸을 맡긴 이유는, 파시즘과 나치즘이 이성에 등을 돌릴 수도 있고 또 과거의 것이면 예외 없이 모든 것을 거부할 가능성이 있는데도 불구하고 그렇게 한 것이 아닙니다. 대중이 그렇게 한 것은 파시즘과 나치즘이 이성과 과거를 부정하고 거부했기 때문입니다.

사람들이 마법사를 마법사로 부르는 이유는, 그가 모든 이성적 전통으로는 알려져 있지 않은, 모든 논리 법칙과는 어긋나는 초자연적 방법으로, 초자연적 기적을 일으키기 때문입니다. 그리고 유럽의 대중이 요구하는 강력한 기적을, 그리고 악마가 다시 정복한 세계의 감당할 수 없는 공포(예컨대 전쟁과 대공황과 실업)를 완화할 수 있는 강력한 기적을 일으킬 능력이 있는 것은 오직 히틀러와 무솔리니라는 거짓 마법사뿐이었습니다.

전체주의의 기원, 즉 히틀러의 나치즘과 무솔리니의 파시즘의 만행의 원인과 결과에 대해서는 1939년 『경제인의 종말 : 전체주의의 기원(The End of Economic Man: The Origins of Totalitarianism)』에 잘 서술되어 있습니다.

피터 드러커의 저서

피터 드러커 지음, 이재규 옮김, 『경제인의 종말 : 전체주의의 기원』

드러커의 모든 사상(정치, 사회, 경제, 역사, 철학, 경영 등)의 원전격으로 1939년 미국에서 초판이 출간된 후 전 세계에서 다양한 언어로 번역출간되었다. 『경제인의 종말』 이후의 약 40권에 이르는 드러커의 모든 저서들은 자신이 이 책에서 분석하고 예측한 것을 시간의 검증을 거쳐 그 신뢰성과 타당성을 확인하기 위한 것이라고 결론 내릴 수 있을 만큼 드러커의 사상에 큰 영향을 미쳤다.

제 5 장

고객 창조와 기업가정신

고향으로 돌아간 드러커는 적당한 일자리를 찾지 못했습니다.
그래서 당시 형편이 좀 나은 편이었던 런던을 향해 다시 떠났습니다.
그곳에서 투자은행에 근무하며 기업을 관찰하고,
고객 창조와 기업가정신의 중요성을 깨닫게 됩니다.
또 케임브리지 대학교에서 개최된 케인스 경제학 강좌를 듣기도 했습니다.
그리고 돈을 관리하고 또 돈을 많이 번 사람보다는
인간에 대한 깊이 있는 연구를 한 학자로 기억되는 것이 보람된 일임을 깨닫습니다.

　1933년 2월 말, 히틀러가 정권을 장악한 지 채 한 달이 되지 않아서 드러커는 독일 프랑크푸르트를 떠나 고향 오스트리아 빈으로 갔지만 그곳에는 젊은이들에게 변변한 일자리가 없었습니다. 그래서 일자리를 찾아 당시로서는 형편이 좀 나았던 런던으로 무작정 다시 떠났습니다. 1933년 4월에는 어느 대형 보험회사에서 증권분석가 자리를 얻었습니다. 비정규직 견습생 신분이었지만 찬밥 더운밥을 가릴 때가 아니었습니다.

　한편 도리스 슈미츠는 1932년 프랑크푸르트 대학에서 봄 학기를 마쳤습니다. 하지만 히틀러가 본격적으로 세력을 잡으면 여성이 법학을 공부하는 것은 의미가 없을 것이라고 생각했습니다. 게다가 도리스의 먼 조상에는 유태인도 있었기 때문에 법학 학위를 받고 나면 법원이 아니라 수용소로 끌려가게 될지도 모를 운명이었습니다. 그래서 도리스도 런던으로 가서 일자리를 찾아보았습니다. 대공황이 진행 중이었고 또 전쟁의 기운도 감도는 시절이었지만 두드리는 자에게는 문이 열렸습니다. 그해 가을 마침내 영국 런던 대학교의 국제법학 교수의 연구조교 자리를 얻었습니다.

　1933년 어느 가을 저녁, 도리스는 피커딜리 서커스(Piccadilly

피커딜리 서커스 역 전경. 여기서 서커스는 곡예가 아니라 몇 개의 거리가 모이는 원형의 네거리 또는 원형 광장을 뜻한다.

Circus) 역에서 지하철을 타러 에스컬레이터를 타고 내려가고 있었습니다. 그 에스컬레이터는 런던에서 가장 긴 것으로 유명합니다. 그런데 갑자기 올라오는 에스컬레이터 쪽에서 도리스의 이름을 부르는 젊은 남자의 목소리가 들렸습니다. 바로 피터 드러커였습니다. 피커딜리 서커스 역 앞에 서 있는 사랑의 신 에로스 조각상 앞에서 두 사람은 다시 만났고, 그 후 70년간 인생의 동반자가 되었습니다.

내가 하는 일에서 효과적인 사람이 되어라

드러커는 빈으로 잠시 되돌아갔다가 프리드버그 은행에서 3명의 파트너의 수석비서 겸 경제분석가로 근무하게 되었습니다. 이 은행은 어음인수 또는 증권발행을 주요 업무로 하는 영국의 금융기관인 머천트뱅크(merchant bank)였습니다. 드러커는 은행업에서 인생의 승부를 걸 생각은 없었지만, 그럼에도 불구하고 결국 3년 동안 같은 은행에 머문 것은 그곳에서 만나는 사람들이 흥미진진했기 때문이었다고 합니다. 살면서 배울 사람들이 많은 곳에 속해 있다는 것은 행운입니다. 이는 일하고 싶은 직장을 결정하는 기준이기도 합니다. 미국의 유수한 기업에 근무하는 한 종업원에게 왜 그 회사에 계속

머천트뱅크
어음인수 또는 증권발행을 주요 업무로 하는 영국의 금융기관을 말한다. 머천트뱅커라고도 한다. 기능에 따라 무역어음 인수업무에 주력하는 인수회사(Accepting House), 주식 및 사채 발행 등을 지원하는 발행회사(Issuing House)로 구분한다. 로스차일드를 포함한 머천트뱅크는 제1차 세계대전 전에 대외투자를 취급였으며 국제금융에서 중요한 역할을 했다.

다니는지 묻자 그는 매우 간단하게 답했다고
합니다.

"우수한 동료들에게서 매일 배울 수 있기
때문이지요."

게다가 런던의 금융중심가 시티오브런던
(City of London)은 예나 지금이나 보고 듣고
즐길 거리가 많았습니다. 1934년 어느 날 드
러커는 런던 로열 아카데미(Royal Academy of
Arts)에서 영국 최초로 개최한 일본화 전시회
를 감상하게 되었습니다. 그것은 드러커가 일

런던 로열 아카데미
영국에서 가장 오래된 미술단체이며 1768년 창립 이래 매년 전시회
를 열어 왔다. 100만 명 이상의 관객을 유치하여 오늘날에는 런던
에서 유료 입장객이 가장 많은 10대 문화기구 중 하나로 꼽힌다. 상
설 전시작품은 18세기에서 현재에 이르는 영국 미술 작품들로 회
화, 조각, 석고상, 화가들의 유품, 판화, 소묘 등이 포함되어 있다.

본화뿐만 아니라 일본에 대해 관심을 갖게 되는 계기가 되었습니다.

프리드버그 은행에는 3명의 파트너가 있었는데 그중 한 명은 은
행의 창업주 에르네스트 프리드버그(Ernest Freedberg)였습니다.
그는 이미 70대 노인이었고 나머지 두 사람은 30대 중반이었습니
다. 처음에는 드러커는 젊은 파트너들 밑에서만 일했는데 3개월이
지나자 에르네스트가 그를 사무실로 불렀습니다. 에르네스트는 200
년 이상 은행업을 경영해 온 집안 출신으로 은행가로서 자부심이 대
단했고, 날카로운 통찰력을 가진 사람이었습니다. 에르네스트는 드
러커를 보더니 크게 꾸짖었습니다.

"자네가 이 회사에 입사할 때 난 자네를 눈여겨보지 않았네. 그
점은 지금도 마찬가지네. 그러나 자네는 내가 생각한 것보다 훨씬
더 어리석군. 그뿐만이 아니야. 자네는 정도 이상으로 어리석어. 나

는 자네가 과거 보험회사의 증권분석가로서는 일을 썩 잘했다는 것을 이미 들어 알고 있네. 그러나 만약 자네가 증권분석업무를 계속하길 바랐다면 우리는 자네가 있던 그 자리에 있도록 했겠지. 자네는 지금 머천트뱅크 파트너들의 수석비서인데도 증권분석업무만 계속하고 있잖아. '지금' 자네는 무엇을 해야만 할까? 다시 말해 자네의 '새로운' 직무에서 효과적인 사람이 되려면 무엇을 해야 할지 생각해 보게나."

생각지도 못했던 면박을 당한 드러커는 화가 머리끝까지 났지만 그 노인의 말이 옳다는 것을 인정할 수밖에 없었습니다. 그 후 드러커는 자신의 행동과 일하는 방식을 완전히 바꾸었고, 새로운 일을 할 때마다 스스로 다음과 같이 질문했습니다.

"새로운 일을 맡은 지금 내가 계속 목표를 달성하는 사람이 되기 위해서는 무엇을 해야 하는가?"

물론 그 질문에 대한 답은 매번 다릅니다.

Tip

직장이든 친목단체에서든 까다롭고 꼼꼼한 선배를 만나는 것은 정녕 인생의 행운입니다. 드러커는 1992년 『미래기업』에서 '상사를 잘 다루는 법'을 제시하기도 했습니다. 일반적으로 사람들은 상사는 경쟁자이거나 타고 넘어야 할 벽으로 생각하는데, 그것은 잘못된 태도라고 지적했습니다. 상사, 즉 선배도 감정을 가진 평범한 인간이기 때문에, 우선 그 사람이 성공하도록 도와주고 또 내가 성공하기 위해서는 도움을 받아야 하는 사람이라고 조언하고 있습니다.

고객지향적 경영철학

드러커는 당시 프리드버그 은행을 자주 찾아왔던 베른하임 백화점의 경영자인 헨리 베른하임(Henry Bernheim)에게서 배운 것들을 『방관자의 모험(Adventures of a Bystander)』에 기록했습니다.

"소매에는 두 가지 원칙밖에 없습니다. 단 2센트라도 싸게 팔면 틀림없이 이웃 가게에서 손님을 끌어올 수 있습니다. 이것이 첫째 원칙입니다. 진열장에 진열하지 않으면 상품은 팔리지 않습니다. 이것이 둘째 원칙입니다. 다음은 열심히 일하는 것뿐입니다. '손님은 합리적이지 않다.' 고 말하는 것은 주제넘는 소리에 불과합니다. 상인이 태만

한 것이지요. 손님이 파는 사람의 마음대로 행동하지 않는다고 해서 '손님은 합리적이지 않다.'는 말을 해서는 안 됩니다. 그런 건 상인의 할 일이 아니거든요. 상인이 해야 할 일은 손님을 만족시키는 것이고, 이 가게에 다시 들러 물건을 사고 싶다는 생각을 심어 주는 것입니다."

그는 소매업계의 일대 혁신자였고, 진정 고객만족중심 경영을 실행하고 있었습니다. 드러커는 그와의 만남에서 많은 것을 배웠습니다. 이때의 경험을 바탕으로 드러커는 "기업의 목적은 고객을 창조하는 것이다(The purpose of a business is to create customers)."라는 고객지향적 경영철학을 확립하게 됩니다.

베른하임 백화점은 "저희 회사는 손님께서 만족할 수 있음을 보증합니다. 불만이 있으실 때는 언제든지 돈을 돌려드립니다."라는 방침을 최초로 채택한 소매상이었습니다. 이것은 시어스로벅이나 월마트, 노드스트롬 등 미국의 유통업자들보다 훨씬 앞서 채택한 정책이었습니다.

헨리는 104세로 타계했는데, 마지막에는 신체가 현저히 쇠약해져서 병상에 누워 있는 날이 많았으나 그의 두뇌는 최후의 순간까지도 명료했습니다. 어느 날 병상에 누워 있던 헨리는 몹시 궂은 날씨에도 불구하고 갑자기 양복을 차려입고 외출할 채비를 했습니다. 간호원이 놀라서 만류하자 그는 이렇게 말했습니다.

"그냥 둬. 어차피 죽을 테니."

한 시간쯤 지나서 다시 병실로 돌아온 그는 전화를 걸어 베른하임의 총지배인을 불러내 호되게 나무랐습니다. 경쟁업체에서 훨씬 더 싼값으로 팬티스타킹을 팔고 있었기 때문이었습니다. 헨리는 간호원에게 "사람은 이 나이가 돼도 쓸모가 있는 거야."라고 말하고는 다시 벽 쪽으로 돌아누워 숨을 거두었습니다.

Tip

드러커는 헨리의 이야기를 통해 자신도 나이가 들어서도 은퇴하지 않고 일을 하며, 주변 사람에게 애물단지가 되지 않고 조용히 사라지겠다고 마음먹었는지도 모르겠습니다. 결국 드러커는 그의 뜻대로 마지막을 맞았으니까요.

케인스와 케임브리지 대학

1900년대 초 영국의 두 명문 대학 런던 정치경제대학(LSE)과 케임브리지 대학(University of Cambridge)은 경제학의 기초에 대해 논쟁을 벌였습니다. 그리고 1930년대에 두 번째 논쟁이 일어났습니다. 결과는 정확하게 말하면 케임브리지가 두 번 다 이겼습니다. 1931년 하이에크는 런던 경제대학의 교수가 되었는데, 하이에크는 케인스(John Maynard Keynes, 1883~1946)보다 16년 후배였으나 1928년 런던에서 개최된 한 학회에서 케인스를 처음 만난 후 좋은 인간관계를 유지했습니다. 그러나 경제학에 대해서는 같은 의견을 보인 적이 거의 없었습니다.

런던 정치경제대학 전경.

케임브리지 대학 전경.

1936년 케인스가 출간한 『고용·이자 및 화폐의 일반이론』은 그후 40년간 세계 정치와 경제의 지평을 바꾸었습니다. 케인스는 정부가 개입하여 경제문제를 고통 없이 해결할 수 있다고 주장했고, 하이에크는 자원의 효율적인 이용이라는 문제를 사회주의적 계획경제로는 해결할 수 없다고 주장했습니다. 당시에는 또한 공황이 진행 중이었기 때문에 일부 자유주의자들과 보수주의자들도 케인스 쪽으로 기울었고, 케인스에 대한 도전은 반동으로 간주되었습니다.

나치, 즉 계획경제와 군국주의의 나라 독일이 영국을 공습하고 있는데도 영국의 지식인들은 여전히 계획경제를 옹호하고 있었던 것입니다. 1939년 9월 런던이 공습을 받자 런던 경제대학은 케임브리지로 피난했고, 케인스는 킹스 칼리지에 하이에크의 연구실을 마련하도록 도와주었습니다.

이런 상황 아래, 하이에크는 1944년 3월에 민주적 사회주의 혹은 온건한 사회주의도 쉽게 전체주의로 전락할 수 있다는 내용의 『노예의 길(The Road to Serfdom)』을 발표했습니다. 예상대로 책이 출간되자마자 호평과 악평이 엇갈렸습니다. 미국에서는 수차례 출간을 거부당했다가 결국 1944년 9월 시카고 대학교 출판부에서 출간했습니다. 미국에서도 반응이 엇갈렸습니다. 미국의 케인스학파는 말도 안 되는 소리라고 매도했고, 보수주의자들은 중앙 계획은 노예제로 귀결된다는 것을 잘 설명한 책이라고 동조했습니다.

사회주의에 대한 비판 때문에 하이에크는 지식인 사회에서 인기를 잃었습니다. 게다가 1945년 보수당의 처칠(Winston Churchill,

1874~1965)이 하이에크의 이름을 선거에 활용함에 따라 하이에크의 견해는 정치적 논란의 중심이 되기도 했습니다. 그해 총선에서는 애틀리(Clement Richard Attlee, 1883~1967)가 이끄는 노동당이 압승했고, 1945년부터 1951년까지 노동당 정부는 복지국가로 나아갔으며 주요 산업을 국유화했습니다. 1946년 케인스가 사망한 후에도 케인스학파와 점진적 · 개혁적 사회주의를 추구하는 페이비언〔페이비어니즘(Fabianism)을 신봉하는 사람들을 말함〕들은 득세를 했습니다.

1974년 하이에크는 노벨경제학상을 받았습니다. 1970년대 후반과 1980년대 하이에크의 사상은 영국의 대처 수상(Margaret Hilda Thatcher, 1925~)과 미국의 제40대 대통령인 로널드 레이건(Ronald Wilson Reagan, 1911~2004) 등의 신자유주의 사상에 영향을 미쳤습니다. 하이에크는 1988년 마지막 저서 『치명적 자만 : 사회주의의 지적 오류』를 통해 공산주의식 계획 생산을 다시 한 번 비판했습니다. 드러커도 하이에크의 『노예의 길』과 『치명적 자만』에 대해 논평을 한 적이 있습니다.

다시 1930년대 초로 되돌아가겠습니다.

드러커는 프리드버그 은행의 3명의 파트너 가운데 가장 나이가 어린 파트너에게 매주 런던 증권시장의 동향을 분석하여 보고서를 제출했습니다. 일주일에 한 번 정도 그는 드러커와 마주앉아 세상을 보는 자신의 방식에 대해 이야기하곤 했습니다. 그는 동일한 주제를 놓고 좋은 생각이 떠오를 때까지 계속 혼자 이야기했고, 그러면서 자신의 생각을 정리했습니다.

페이비어니즘
사회주의 실현을 위해서 '끈질기게 시기가 도래할 것을 기다리고, 때가 오면 과감히 돌진한다.'는 것을 모토로 점진적인 사회주의를 추구하는 사람들의 모임인 페이비언협회의 이념을 나타내는 말이다. 지구전술(持久戰術)로 한니발을 격파한 고대 로마 장군 파비우스(Fabius)에서 유래한 이름이다. 페이비어니즘은 특정한 사상체계가 공식적으로 정해진 것이 없어 한마디로 정의하기는 어렵지만, 협회 창설 당시의 지도자인 조지 버나드 쇼(George Bernard Shaw)와 시드니 웨브(Sidny Webb), 애니 버전트(Annie Besant) 등의 사회주의사상, 즉 의회정치의 방법으로 점진적으로 사회개량을 진행하면서 생산수단의 공적 소유라는 관점을 견지하는 사회주의 이데올로기로 정의된다.

조지 버나드 쇼.

그때 드러커는 사람들은 배우는 방법이 각각 다르며, 그중에는 자신이 말하는 과정에서 스스로 배우는 사람도 있다는 것을 깨달았습니다.

어느 날 그 젊은 파트너는 드러커가 회사의 경제통이기 때문에 경제학을 좀 더 배우는 것이 좋다고 권했습니다. 덕분에 케임브리지 대학교에서 케인스가 주최하는 경제학 세미나를 들을 수 있었습니다. 20세기 최고의 경제학자인 케인스에게 직접 배우는 행운을 누리게 된 것입니다. 드러커는 1934년 가을부터 매주 금요일 저녁 케임브리지 대학교로 가서 소위 '케인스 경제학'의 창시자가 직접 주도하는 경제학 세미나에 참석했습니다. 강의에는 항상 수백 명의 청강생들이 몰려 성황을 이루었습니다.

케인스는 조지프 슘페터와 어깨를 나란히 하는 20세기 최고의 경제학자로서 드러커는 케인스 강의에 약 1년 정도 참석했다고 합니다. 케인스는 『고용·이자 및 화폐의 일반이론』에서 다음과 같이 서술하고 있습니다.

"일반 대중의 심리를 불변으로 간주한다면, 전체로서 산출액 및 고용수준은 투자량에 의존한다고 요약할 수 있다. 내가 여기서 제시하는 것은 어째서 산출액과 고용이 이와 같이 변하기 쉬운가에 관한 이론이다. 물론 나는 진단만이 아니라 치료법에 대해서도 흥미를 갖고 있으므로 나의 저술의 많은 부분이 치료법에 할애되고 있다."

이 말이 갖고 있는 의의는 당시 대공황에 시달리던 세계 자본주의가 직면하고 있었던 문제를 살펴보면 곧 이해할 수 있습니다. 케인스의 주장에 의한 뉴딜 정책(New Deal)은 단순히 케인스 경제정책의 실험이라고만은 할 수 없는 하나의 사회개혁이었습니다. 케인스는 1934년 라디오 강연에서 그것을 인정했습니다.

"나의 이론적인 권고가 세계의 지도자 중 한 사람, 즉 프랭클린 루스벨트 대통령에 의해서 대규모적인 행동의 기초로 받아들여지고 있다."

그러나 드러커는 케인스의 세미나에 참석해 열심히 공부하면서도 케인스학파가 되겠다는 생각은 없었습니다. 케인스를 위시한 대부분의 경제학자들이 재화와 서비스, 자본과 노동의 동향에만 관심을 두고 있지만, 자신은 인간과 사회에 관심이 더 크다는 사실을 알게 되었기 때문입니다.

Tip

> 드러커는 노동의 질은 사람마다 다르고, 기업경영에서 있어 경영자 개인의 창의성, 혁신, 사회적 책임이 중요하다고 생각했습니다. 드러커는 국가의 역할을 중시하는 케인스 경제학보다는 앞으로 보게 될 기업과 개인의 창의성을 강조하는 슘페터 경제학을 더 좋아했습니다.

기업가의 역할을 중시한 슘페터

케인스와 슘페터는 공산주의 경제학의 창시자 카를 마르크스가 사망한 1883년에 태어났고 서로 존경했지만, 경제에 대한 생각은 전혀 달랐습니다. 슘페터는 자본주의의 역사적 과정은 단순히 인구나 자본의 증대에 따른 연속적인 변화(성장)뿐만이 아니라 비연속으로 발생하

는 생산방법의 변혁에 의해 이루어진다고 주장했습니다. 슘페터는 이
와 같은 비연속적 창조적인 변혁의 프로세스를 성장(growth)과 구별하
여 발전(development)의 메커니즘을 분석하는 발전모델을 제시했고,
발전모델의 중심에 기업가(entrepreneur)라는 개념을 설정했습니다.

슘페터는 창조적 파괴를 통한 혁신(innovation)이라는 비합리적
인 요인을 '혁신=신결합'의 등식에 적용하여 합리적으로 설명하려
고 시도했습니다. 혁신은 새로운 상품, 새로운 생산방법, 새로운 시
장, 새로운 원료, 그리고 새로운 조직의 개발(예컨대 리엔지니어링)
등 온갖 형태를 포함하고 있습니다.

세계적인 경영학자 김위찬 박사가 주창한 블루오션(blue ocean) 전략도 기존 시장에 새로운 상품을 선보이거나 기존 상품을 새로운 시장에 진출하는 혁신 전략입니다.

이런 여러 요인들은 종래의 경제이론에서 보면 모두가 외생변수(시장 밖에서 영향력을 미치는 경제 변동의 요소)였습니다. 슘페터는 기업가를 혁신 담당자로서 경제발전의 중심을 이루는 독자적인 경제 주체로 보았습니다.

케인스는 전 세계적인 대공황을 해결하기 위해서는 '국가가 해야 할 일(대표적인 것은 사회간접 자본에 대한 투자와 시장규제 등)'이 있다고 주장했습니다. 따라서 케인스는 애덤 스미스의 자유방임과 작은 정부 그리고 '보이지 않는 손' 대신에 거대국가의 필요성을 암시했습니다. 그 반면 슘페터는 자본주의 사회의 역동성은 기업가의 혁신적 역할에 있다고 주장했습니다. 케인스와 슘페터는 모두 위대한 경제학자이지만 "경제발전에 있어 주역이 누구여야 하는가?"라는 점에서는 큰 차이가 있었습니다. 케인스는 국가의 역할과 경제 계획을 강조한 반면, 슘페터는 경제발전모델의 중심에 기업가라는 개념을 설정했습니다.

기업가가 경제발전의 중심을 이룬다고 본 슘페터의 이론은 인간의 창조적 능력을 중시한 것이고, 자본과 노동을 생산 요소로서 수학적으로 접근한 케인스의 이론은 인간의 창조적 능력을 무시한 것입니다. 드러커는 당연히 슘페터의 이론을 선호했습니다. 슘페터가 강조한 개인의 창의성은 지식사회를 살아갈 청소년에게 매우 중요한 메시지입니다.

슘페터의 혁신과 기업가정신을 경영학에 접목하다

20세기의 두 위대한 경제학자 케인스와 슘페터는 1883년 같은 해에 태어났습니다. 그뿐 아니라 둘 다 오랫동안 인정되어 온 경제학설에 과감히 도전장을 내밀었다는 공통점이 있었습니다. 케인스는 신고전학파의 거두 앨프레드 마셜의 제자였지만 고전학파의 이론을 거부했습니다. 반면 슘페터는 오스트리아학파의 경제학자들의 제자로서 스승들을 존경했지만 그의 박사학위 논문 〈경제발전론〉은 "경제학의 중심 문제는 균형이 아니라 구조적 변화다."라는 명제를 출발점으로 삼고 있었습니다.

슘페터는 빈 대학의 학생 시절부터 "현대 경제는 항상 동태적 불균형 속에 존재한다."는 생각을 가지고 있었습니다. 슘페터의 경제학은 케인스의 거시 경제학과 같은 폐쇄적 체계가 아니었습니다. 만약 케인스를 정태적 고전경제학 틀 내에서의 '이단자'로 본다면, 슘페터는 정태적 고전경제학의 '불신론자'였던 것입니다.

하지만 두 사람은 경제적 현실을 서로 다른 시각으로 보았고 경제학 또한 상당히 다르게 규정했습니다. 이런 차이들은 오늘날 세계 경제를 이해하는 데 매우 중요한 역할을 하고 있습니다. 케인스의 핵심 질문은 19세기 경제학자들의 질문, 즉 "어떻게 하면 경제에서 균형과 안정 상태를 유지할 수 있는가?" 하는 것이었습니다. 케인스는 국가 전체 경제를 대상으로 하는 거시 경제가 중요하다고 보았고, 개인과 기업은 경제의 방향을 결정하지 못하며 고용은 수요의 함수라고 주장했습니다. 슘페터는 타계하기 며칠 전 이러한 말을 남겼다고 합니다.

"자본주의가 정체하게 될 것이라는 예측은 어쩌면 옳을지도 모른다. 만약 공적 부문으로부터 충분한 지원을 받게 되면 말이다."

케인스는 '경제학자 왕(economist king)'이 단 몇 가지 간단한 통화정책들, 예컨대 적자재정, 이자율, 신용한도, 혹은 통화유통량 등을 조작함으로써 완전고용과 번영과 안정이 보장된 영구적인 균형을 유지할 수 있다는 결론에 도달했습니다. 하지만 슘페터는 화폐경제를 수행할 사람은 경제학자가 아니고 정치인이나 장군일 것이라고 주장했으며 그것은 곧 독재자에게 문을 열어 주는 것이라는 것을 깨달았습니다.

고전경제학은 혁신(innovation)을 경제체계의 외부에 존재하는 것으로 보았는데, 그 점은 케인스도 마찬가지였습니다. 슘페터는 그들과는 반대로 혁신을, 즉 오래되고 진부한 곳에 투자된 자원을 새롭고 좀 더 생산적인 곳으로 이동시키는 기업가정신을 경제학의 본질이자 현대 경제에서 가장 확실한 요소로 간주했습니다.

고전경제학자들은 이윤은 위험부담자(risk taker)에 대한 인센티브(incentive)이므로 꼭 필요한 것이라고 지적했습니다. 하지만 이 경우 이윤은 진정한 의미의 뇌물이 아닐까요? 그리하여 이윤은 도덕적인 정당성을 갖지 못하게 되는 것이 아닐까요? 마르크스는 이러한 이윤 인센티브설이 가진 도덕적 근거의 취약성을 이용하여 자본가를 사악하고 부도덕한 사람으로 매도했습니다. 그리고 자본가는 아무런 기능을 하지 않기 때문에 그들이 빠른 시간 안에 소멸되는 것은 '불가피한 것'이라고 단언했습니다.

슘페터의 경제발전이론에서는 이윤이 경제적 기능을 수행합니다. 변화와 혁신을 기초로 하는 경제에서는 마르크스의 이론과는 달리 노동자로부터 착취한 '잉여가치'가 아닙니다. 그 반대로 슘페터는 이윤이란 노동자를 위해 일자리를 제공하고 노동소득을 만들어 내는 원천이라고 말합니다.

슘페터는 1942년의 저서 『자본주의, 사회주의, 민주주의』에서 "자본주의는 그 자체의 성공 때문에 붕괴될 것이다."라는 충격적인 주장을 했습니다. 민주주의에서는 정부가 인기를 얻기 위해 생산자의 소득을 비생산자에게 점차 이전시키며, 내일을 위한 자본으로 축적해야 할 소득을 저축하지 않고 소비지출을 권장한다는 것입니다. 그 결과 민주주의를 지향하는 정부는 점점 인플레이션 압력을 받게 될 것이라고 주장했습니다. 궁극적으로 슘페터는 인플레이션이 민주주의와 자본주의를 모두 파괴할 것이라고 예언했습니다. 1942년 당시 대부분의 사람들은 슘페터의 주장이 어이없다고 생각했습니다. 하지만 오늘날 이 문제는 민주주의 그리고 자유시장경제의 핵심적인 문제로 부상하고 있습니다.

드러커는 노동의 질은 사람마다 다르고, 기업경영에 있어 경영자 개인의 창의성, 혁신, 사회적 책임이 중요하다고 생각하고 있었습니다. 따라서 "경제학의 진정한 주체는 이노베이터다."라는 슘페터의 혁신이론을 실천적으로 받아들여 1985년 『기업가정신(Innovation and enterpreneurship : practice and principles)』을 저술했습니다. 어쩌면 드러커는 케인스의 경제학은 '숫자의 경제학'이고, 자신의 경제학은 '사람의 경제학'이라고 생각했을지도 모릅니다.

피터 드러커의 저서

피터 드러커 지음, 이재규 옮김, 『미래사회를 이끌어가는 기업가정신』

피터 드러커의 혁신(innovation)과 기업가정신 사상의 출발점이 된 책이다. 이 책에서는 변화를 탐구하고 변화에 대응하며, 변화를 기회로 이용하는 기업만이 살아남을 수 있으며, 진정한 기업가정신만이 21세기의 생존 전략임을 설명했다. 드러커는 기업가정신이란 과학이나 테크닉의 일종이 아니라 오직 '실천'이라고 강조한다. 또 기업 단위에 국한되지 않고 한 사회의 모든 구성원이 본질적으로 가지고 있어야 할 자기혁신의 '바탕'이라고 할 수 있다.

· 제 6 장 ·

통섭 :
역사, 경제 그리고 철학을 가르치다

뉴욕으로 온 드러커는 생계를 해결하기 위해 유럽 신문 통신원, 유럽 소식을
미국에 전하는 자유기고가, 강사, 저술가 등 온갖 일을 했습니다.
그리고 베닝턴 대학교에서 미국 역사, 경제학, 철학 등을 가르치는 교수가 되었고,
유명한 초기 3부작을 저술하게 됩니다.

　드러커는 런던에서는 수년 동안 안정된 생활을 하며 많은 친구들을 사귀었지만, 이대로 지내다가는 더 이상의 발전도 없을 것이라는 생각이 들었습니다. 아무리 많은 월급을 받는다 해도 은행을 평생 일터로 삼을 생각은 없었습니다. 일하고 싶은 신문사나 대학이 있긴 했지만 당시 영국은 외국인을 채용하지 않았습니다. 한편 도리스는 연구조교 일을 그만두고 런던에 본사를 둔 세계 최대 소매상 중 하나인 막스 앤 스펜서(Marks & Spencer)에 구매책임자로 취직되어 사회에 첫발을 디뎠습니다. 현재 도리스는 아흔이 넘은 나이에도 자신의 일을 하고 있습니다.

　실업자가 넘쳐나던 그 시대에 두 사람 모두 20대 초반의 젊은 나이로 일자리를 얻을 수 있었던 것은 행운이었습니다. 행복한 결혼 생활을 꾸려 나가기 위해서는 도리스가 계속해서 일해야 했지만, 당시 영국에서는 여성은 결혼을 하면 동시에 직장을 그만두어야 했습니다. 또 공황시대에 기혼여성이 계속 일할 경우, 남성들의 취업에 불이익이 있다고 생각했기 때문에 두 사람은 1937년 1월에 결혼과 동시에 미국으로 이주하기로 결심을 굳히고 회사에 사표를 제출했습니다. 드러커는 사표를 내면서 그 젊은 파트너에게 말했

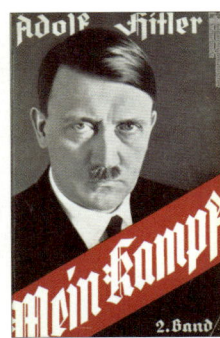

아돌프 히틀러의 『나의 투쟁』
뮌헨 반란 이후 투옥되어 있던 1924년부터 구술필기(口述筆記)를 시작하여 1925~1927년에 두 권으로 간행되었다. 자신의 성장과정과 초기의 정치활동에 대해 많은 왜곡을 가했으며, 동시에 반민주주의적 권력사상과 반유대주의적 세계관을 피력했다. 또한 동유럽의 유대인들을 추방하고, 그곳에 지배민족인 게르만 족의 대제국을 건설한다는 구상을 제시했다. 제2차 세계대전 후에 발견된 속편에서는 그의 대외정책 구상이 보다 구체적으로 기술되어 있다. 전 세계적으로 1,000만 부 이상 발행된 나치즘의 경전으로 나치즘 연구에서 없어서는 안 될 문헌이다.

습니다.

"전 은행가가 되진 않을 겁니다. 재무관리 일은 쉽게 싫증이 납니다."

그 젊은 파트너는 이렇게 대답했습니다.

"난 자네의 그런 성향을 이미 알고 있었다네."

그때 드러커는 사람은 다른 사람들을 가르칠 때 더 많은 것을 배우게 된다는 것을 깨달았습니다.

1937년 1월 16일, 드러커와 도리스는 런던 교외 어느 관청의 홀에서 조촐하게 결혼식을 올렸습니다. 런던을 떠난 두 사람은 고향 빈에 들러 부모님께 스위스 등 인근 국가의 비자를 취득하여 언제라도 외국으로 탈출할 수 있는 준비를 하도록 당부했습니다. 특히 드러커의 아버지는 나치가 오스트리아를 점령해 올 경우 무사하지 못할 것이 분명했기 때문입니다. 그로부터 1년 뒤인 1938년 3월 13일, 나치는 오스트리아를 합병하고 비밀경찰을 빈으로 급파하여 드러커의 부모를 체포하려 했지만 미리 준비를 한 덕에 가까스로 위기를 모면할 수 있었습니다.

드러커는 히틀러의 『나의 투쟁(Mein Kampf)』을 읽은 후 그 책에 기록된 히틀러의 구상이 실제로 구현될 것이라고 판단하여 1937년 유럽을 떠났습니다. 다른 유럽인들은 설마 하는 생각으로 그대로 유럽에 남았지요. 드러커는 자신이 본 것을 토대로 판단하고 그 믿음을 바탕으로 행동했습니다.

드러커는 1937년 봄, 그러니까 스물여덟 살의 나이에 영구히 미국으로 건너왔습니다. 이때 그는 '유럽은행과 신탁회사 그리고 영국 신문사의 주미 이코노미스트 겸 경제 특파원'이라는 애매하고 불안정한 신분이었습니다. 드러커는 그때를 이렇게 회고했습니다.

　"1937년 당시 미국은 정말 활기에 가득 차 있었던 반면, 유럽의 경우 유일한 희망은 오직 1914년 이전으로, 그러니까 제1차 세계대전 이전으로 되돌아가는 것이었다. 미국 사람들은 모두 앞만 바라보고 있었다."

　드러커는 곧 영국의 「파이낸셜타임스(Financial Times)」를 비롯한 신문사와 금융회사에 정기적으로 기사와 보고서를 송고했으나 1939년 8월 제2차 세계대전이 발발하면서 호구지책으로 하던 일도 거의 중단되었습니다. 이때 미국의 사정을 유럽의 잡지에 싣는 일을 하던 것과는 반대로 「워싱턴포스트(The Washington Post)」와 「하퍼스(Harper's)」 등에 유럽의 사정을 미국에 전하는 기사를 쓸 기회를 잡았습니다.

　1939년부터는 뉴욕의 사라로렌스 여자대학교에서 시간강사 자격으로 일주일에 하루씩 경제학과 통계학을 가르칠 수도 있게 되었습니다. 런던에서부터 쓰기 시작했던 『경제인의 종말』도 그해 봄에 출간되었는데, 이는 드러커의 첫 번째 본격적인 저서였습니다. 관찰하고, 배우고, 가르치고, 쓰는 생활이 바야흐로 시작된 것입니다. 드러커는 이제부터 자신의 미래를 만들어 가기 시작합니다.

1937년 뉴욕으로 건너온 드러커는 2년 후 이곳에서 자신의 첫 번째 책을 발간했어.

와! 자유의 여신상이다.

너, 내 말 듣고 있니?

🌍 **Tip**

드러커는 미래에 대해 이런 말을 남겼습니다.
"미래를 예측하는 가장 좋은 방법은 미래를 만드는 것이다(The best way to predict the future is to create it)."
이 말은 드러커 자신에게도 해당되었습니다. 이 책을 읽는 여러분 역시 스스로 목표를 세우고, 한번 해내겠다는 의지로 미래를 계획해 보는 건 어떨까요?

경제인의 종말과 전체주의의 기원

1930년대에서 1960년대 초에 이르기까지 드러커의 연구 작업은 주로 새로운 사회현상으로서 조직과 그 구조, 조직의 특성, 조직의 경영과 기능에 관한 것들이었습니다. 드러커는 현대사회에서 볼 수 있는 권력집중화와 사회일원론, 케인스학파나 사회주의자들이 주장하는 중앙계획과 정부 만능주의 경향에 대해서는 처음부터 거부감을 갖고 있었습니다. 물론 그런 생각을 갖게 된 이유는 두 차례에 걸친 세계대전과 대공황을 관찰했기 때문입니다.

『경제인의 종말』에서 드러커는 독일의 나치즘과 이탈리아의 파시즘, 즉 전체주의가 등장하게 된 배경과 유럽의 자유 평등 사상과 휴머니즘의 전통이 쇠퇴하게 되는 이유에 대해 분석을 시도했습니다. 이 책의 구상은 1933년 히틀러가 독일의 정권을 장악한 직후에 이루어졌습니다.

경제인(economic man)은 애덤 스미스가 묘사한 대로 경제적 성공만이 사회적으로 중요하고 또 의미 있는 것으로 보는 합리적 인간 모형(rational model)입니다. 그러나 독일 국민들은 제1차 세계대전에서 패함에 따라 지금까지의 합리적 경제인에 대한 개념이나 경제, 사회, 가치에 대한 질서가 무너지자 자신감을 잃어버리고 합리주의에서 비합리주의로, 자유에서 통제로, 민주주의에서 전체주의로 새로운 구원의 손길을 찾아 나섰던 것입니다.

히틀러가 취한 전략은 교묘했습니다. 그는 자본가의 소유권에는 조금도 손을 대지 않는 대신 그 관리권만을 자기 생각대로 운영하는 방법을 생각해 냈습니다. 정권을 장악하자 정부의 명령으로 독일사

독소불가침조약
1939년 8월 23일 모스크바에서 독일 외상 리벤트로프와 소련 인민위원회 의장 겸 외무인민위원 몰로토프가 조인한 상호불가침조약. 이 조약에 부수하여 동유럽의 독소 세력권을 획정한 비밀의 정서가 있었음이 제2차 세계대전 후 유럽·미국에서 출간한 사료집에 나와 있으나 그 진상은 밝혀지지 않았다. 이 조약이 발표되던 당시에는 정치적·사상적으로 서로 용납이 되지 않는 독일과 소련의 접근이 충격적이었는데, 영국·프랑스의 독일에 대한 유화정책의 일환이었다고 할 수 있다. 그해 9월에 제2차 세계대전이 발발하였다.

회의 기능을 군비확장과 전쟁준비로 몰아갔고, 군사적 전제정치와 통제경제 정책을 채택함으로써 산업사회의 노동자들에게 고용의 안정을 제공하고 국민적 지위와 명예를 회복했습니다.

전통적으로 자유와 평등을 가장 중요한 가치로 삼고 있었던 유럽인들이 그 가치들을 포기하고 전체주의를 받아들인 이유는 다음과 같습니다. 유럽이 제1차 세계대전과 대공황을 거치면서 애덤 스미스가 말하는 '경제인' 모델이 평등을 달성하지 못하고, 반대로 카를 마르크스의 공산주의 역시 자유도 평등도 달성하지 못함에 따라 유럽인들은 실업만 해결해 주면 자유와 평등을 포기하겠다고 생각한 것입니다.

전체주의는 그런 분위기를 이용하여 국가를 군국주의 경제로 몰아갔던 것입니다. 군국주의 경제란 모든 국민을 노동자 겸 병사로 취급하는 것을 말합니다. 우리나라의 조선시대 사람들은 전쟁이 일어나지 않는 평화로운 시기에는 농사를 지었고, 전쟁이 발발하면 병사가 되어 전장으로 나갔습니다. 이런 현상을 병농일치(兵農一致)라고 합니다.

유럽이 나치에 유린당하기 전까지 어느 나라에서도 나치에 대한 저항운동이 거의 없었고, 오직 마비증상만 볼 수 있었던 사실을 드러커는 누구보다 앞서 『경제인의 종말』에서 지적했던 것입니다. 히틀러와 스탈린은 결국 결탁하게 될 것이라고 예언한 이 책은 '독소불가침조약(獨蘇不可侵條約, German Soviet Nonaggression Pact)'이 체결되기 6개월 전에 출간되었습니다.

Tip

로마시대 노예 검투사 스파르타쿠스는 봉기를 할 때 이렇게 외쳤습니다.
"우리가 전쟁에 져서 잃을 것은 쇠고랑이고, 이겨서 쟁취할 것은 자유다!"
전체주의는 실업을 해결한다는 당근으로 유혹하여 국민들을 노예로 취급하는 사상입니다. 인신구속과 출국금지 그리고 거주이전 봉쇄를 통해 말입니다. 공산주의 정권이 하는 일과 똑같습니다. 인간에게 자유는 그 무엇보다도 중요합니다.

처칠은 은퇴 후 1939년 5월 27일자 『타임스 문학판(Times Literary Supplement)』에서 "마르크스는 계급 없는 사회를 대안으로 제시했으나 사회주의 자체가 새로운 고도의 조직적 계급구조를 형성한다는 드러커의 주장에 공감한다."는 서평을 썼습니다. 이 때문에 드러커는 즉각 미국의 자생적 공산주의자들의 적이 되었습니다. 지금 이 책을 읽는 여러분들에게는 생소하게 들리겠지만 1940년대 지식인 사회에서는, 특히 미국의 지식인 사회에서 공산주의는 미래사회에 대한 하나의 대안이었습니다.

『경제인의 종말』이 출판되자 유수의 경제잡지인 「타임(Time)」과 「포춘(Fortune)」의 발행인 헨리 루스(Henry Luce, 1898~1967)는 편지를 보내 드러커에게 만남을 요청했습니다. 그리고 그 자리에서 드러커에게 「타임」의 기자로 일해 달라고 제안하며 이렇게 귀띔해 주었습니다.

"전혀 알려지지 않은 당신이 쓴 단 한 권의 책에 대해 소련이 그처럼 이상할 정도로 민감하게 반응하는 이유는 윈스턴 처칠 수상이 그 책의 가치를 알아보고 강력하게 지지했기 때문입니다."

미국의 건축학자 리처드 풀러가 디자인한 다이맥시온 하우스. 동적으로 최대한의 능률을 지니게 하는 설계라는 의미로 '역동적(dynamic)'과 '최대효율적(maximum efficient)'이란 단어를 합성해 다이맥시온이라는 조어를 만들었다.

냉전 시대에 소련은 영국의 수상이 인정하고 높이 평가한 책을 심각하게 받아들이지 않을 수 없었던 것입니다. 그러나 공산주의를 신봉하는 몇몇 편집인들의 반대로 「타임」에 입사하는 일은 무산되었습니다. 그 후 드러커는 「포춘」의 창간 10주년 특집판 편집에 잠시 참여했는데, 그 과정에서 유명한 건축학자 리처드 풀러(Richard Buckminster Fuller, 1895~1983)와 마셜 맥루한 등을 만나 친분을 쌓고 지적 자극을 받게 됩니다.

1941년 12월 7일 일본은 진주만을 침공하고, 이어서 독일이 대미 선전 포고를 합니다. 미국이 제2차 세계대전에 참전하게 되자 드러커는 곧 유럽 사정에 정통한 사람으로 발탁되어 워싱턴으로 불려 가서 미육군성에 고문 역할을 하게 됩니다. 나중에는 마셜 플랜에도 참여하면서 미국의 위대한 군인들의 리더십을 관찰할 기회도 갖게 됩니다. 그 후 드러커는 미국의 여러 대통령들에게도 리더십에 대한 조언을 했고, 「대통령이 지켜야 할 6가지 규칙들」이라는 논문을 발표하기도 했습니다.

1942년 드러커는 버몬트 주에 있는 베닝턴 대학교의 정치학 및 철학 전임교수가 되었습니다. 베닝턴 대학교는 뉴욕의 사라로렌스 여자대학교보다도 규모가 더 작았지만 대신 원하는 연구 과목을 자유로이 선택하여 가르칠 수 있었습니다. 강의 과목은 정치이론, 미국정치, 미국사, 경제사, 철학, 종교 등이었습니다. 드러커는 진심으로 '배우는 기쁨'과 '가르치는 즐거움'을 만끽하였고, 자문위원의 자격으로 정부의 일을 돕는 것도 충실히 이행했습니다. 미국정치학회는 드러커의 처녀작『경제인의 종말』의 가치를 인정하여 얼마 후 그를 동 학회의 정치이론 연구위원으로 선출했습니다. 학자로서의 출발은 순조로웠습니다.

20세기 최고의 독창적인 무용가 마사 그레이엄.

베닝턴 대학교는 1931년 개교 이래 최고의 교육환경을 추구해 왔습니다. 세계적 무용가 마사 그레이엄(Martha Graham, 1894~1991), 심리학자 에리히 프롬, 시인 W. H. 오든(Wystan Hugh Auden, 1907~1973), 건축가 리처드 노이트라(Richard Neutra, 1892~1970) 등 소위 쟁쟁한 학자들이 학생 개개인을 정성껏 가르쳤습니다.

오스트리아 태생의 미국 건축가 리처드 노이트라의 대표작인 로벨 하우스(Lovell House).
그는 이 작품으로 일약 세계적인 건축가로 발돋움했다.

산업인의 미래와 기업의 개념

드러커는『산업인의 미래(The Future of Industrial Man)』에서 궁극적으로는 히틀러는 패배한다는 전제하에 제2차 세계대전 종전 후 정치적·사회적 통합의 가능성을 추구했습니다. 드러커는 처음으로 "기업조직은 경제적 조직이자 사회적 조직, 즉 공동체이며 사회"라

는 자신의 주장을 개진했습니다.

1943년 늦가을 드러커는 GM의 홍보 담당자로부터 전화를 받았습니다. GM의 부회장 도널드슨 브라운(Donaldson Brown, 1885~1965)이 드러커를 만나고 싶다는 것이었습니다. 브라운은 드러커의 저서에 대해 이야기를 나누고 싶어 했습니다.

"당신이 쓴 『산업인의 미래』를 읽어 보았습니다. 우리 회사에서도 당신이 말한 문제를 해결하기 위해 오랫동안 노력해 왔습니다. 대조직의 관리와 구조, 사회에 있어 거대 기업의 지위, 산업질서의 원리 등과 같은 문제를 말입니다. 당신의 책을 읽고서 어쩌면 정치사회학자의 눈으로 GM이라는 회사를 어떻게 보는지, 그리고 우리 회사의 구조와 경영방침, 회사 내외의 관계를 조사하여 그 결과를 보고해 줄 수 없을까 생각했습니다."

드러커는 그때까지 대기업은 고사하고 어떤 종류든 간에 대규모 조직에서 일한 적은 한 번도 없었습니다. 어떻게든 조사를 할 수 있는 대기업을 알아보고 있긴 했지만 늘 헛수고로 끝나고 말았죠. 그때 마침 GM에서 제의가 온 것입니다. "두드려라, 그러면 열리리라."라는 성경 구절이 실현되는 순간이었습니다. 마침 드러커는 대기업이 산업사회에서 가장 중요한 기관(institutions)이 되었다는 것을 이미 결론 내리고 있었으므로 그것이 실제로 어떻게 작동되고 있는지 이해하고 싶었습니다.

대공황이 기업의 경영실패 때문이라는 인식이 있었고 반기업 정서가 강했기 때문에 대기업에 관한 이런 부적절한 연구 과제를 떠맡게 되면 그 당시 고루한 경제학계와 정치학계의 눈 밖에 날 수도 있었지만 드러커는 열정적으로 연구를 수행했습니다. 당시 GM의 실정을 모르던 드러커에게 브라운은 충격적인 조언을 했습니다.

"실은 우리 회사의 중역 중에서 브래들리는 대학 출신이오. 더욱 좋지 않은 것은 미시건 대학교에서 경제학박사학위까지 받았다는 사실이오. 슬론 회장은 MIT의 공학사이며, 나는 버지니아 폴리테크닉에서 학위를 받았습니다. 하지만 GM은 밑바닥에서부터 올라와 훌륭하게 된 사람이 많은 것을 가장 큰 특색으로 내세우고 있습니다. 캐딜락 부문의 드레이스타트 사장도 원래 독일에서 건너온 정비

공 출신입니다."

오늘날에는 상상하기 어려운 일이지만 산업사회였던 1940년대 미국에서 기업체의 종업원 또는 임원이 고등교육을 받았다는 것은 재산이라기보다는 오히려 부채였던 것입니다. 드러커는 제2차 세계대전 도중 1년 반 동안 GM에서 컨설팅한 것을 바탕으로 1946년에 자신의 최초의 경영학 저서『기업의 개념(Concept of the Corporation)』을 발표했습니다. 이 책은 발간과 동시에 크게 히트하여 몇 번이나 판을 다시 찍어 냈습니다. 그러나『기업의 개념』을 출판할 때 몇몇 사람들은 앞일을 우려하며 드러커에게 충고했습니다.

"자네는 경제학자나 정치학자로서 장래가 촉망되고 있네. 그런데 기업을 다루는 책을 쓴다면 자네에게 이득이 될 게 없지 않은가."

「미국 경제학보(American Economic Review)」는『기업의 개념』이 가격이론과 희소자원의 배분문제에 대한 통찰이 결여되어 있다고 비판했고, 「미국 정치학회보(American Political Science Review)」는 다음과 같이 경고했습니다.

"이 유망한 젊은 학자가 그가 지닌 재능을 보다 더 진지한 과제에 경주하길 바란다."

그러나 그 책은 확실히 그때까지 아무도 가르치지 않았던 하나의 주제, 즉 매니지먼트(management)라고 하는 학문 분야의 확립에 기여했습니다. 『기업의 개념』은 평론가의 비평이 좋든 나쁘든 간에 '경영학 붐'에 불꽃을 당기는 역할을 했고 드디어 오스트리아 경제학파의 긴 그림자에서 벗어나 현대 경영학의 체계를 수립해 가고 있었던 것입니다. 『경제인의 종말』 『산업인의 미래』 『기업의 개념』은 드러커의 초기 3부작으로 그 후의 연구 활동에 기반이 됩니다.

조지 마셜.

제2차 세계대전과 마셜 플랜

1947년 6월 5일 미국 국무장관 조지 마셜(George Marshall, 1880~1959)은 하버드 대학교 졸업식장에서 졸업축하 연설을 하던 도중에 유럽부흥계획(European Recovery Plan)을 제안했습니다. 그 계획은 바로 마셜 플랜이었습니다. 제2차 세계대전이 끝난 지 2년이 흘렀지만 유럽은 경제·사회적으로 전쟁의 상처를 씻어 내지 못하고 있었습니다. 산업생산은 아직 전쟁 전 수준에 미치지 못했고, 생활필수품도 대부분 배급에 의존하고 있었습니다. 대중의 좌절과 불만은 공산주의 세력의 급속한 팽창으로 이어졌습니다.

제2차 세계대전이 끝난 후, 사람들은 제2차 세계대전이 발발한 원인에 대해 깊이 고민해 보았습니다. 결론은 히틀러가 등장했을 때 처음부터 강력하게 저지했어야 한다는 것이었습니다. "악은 그 싹이 날 때 싹둑 잘라 버려야 하는데." 하고 말입니다. 미국은 제2차 세계대전 이후 1938년 뮌헨 회담의 교훈을 기억하며, 소련의 팽창정책을 막지 못하면 새로운 전쟁이 터질지도 모른다고 생각했습니다. 따라서 미국을 비롯한 연합국은 소련에 대해서 비타협적이고 적대적인 태도를 견지했습니다. 그 결과가 바로 냉전(cold war)입니다.

이런 상황에서 조지 마셜은 공산주의의 침투를 저지하기 위하여,

그리고 미국이 제2차 세계대전 중에 보유한 방대한 생산능력과 과잉자본의 배출구로서 유럽에 대한 경제 원조를 계획했던 것입니다. 경제 원조를 받아들인 나라들은 서유럽의 16개국으로서 1948년부터 1951년 말까지 4년 동안 원조 액수는 114억 달러에 달했습니다. 사실 마셜 플랜은 유럽 총투자액의 10퍼센트 정도로 규모는 그다지 크지 않았지만, 유럽이 시장위기를 극복하고 또 시장에 대한 신뢰를 회복하도록 도와주었습니다. 원조액의 크기보다는 일정기간 동안 특정 경제목표를 수립하고, 달성할 지침을 마련하고, 성과에 따라 원조를 제공했다는 점이 더 중요했습니다.

마셜 플랜의 이런 노력은 결국 전후 세계 경제 회복에도 큰 기여를 했는데, 서독은 그 기간 동안 13억 달러의 지원을 받아 경제 재건에 성공했고, 유럽 각국의 생활수준도 향상되고 분배갈등도 완화되었습니다. 오늘날 EU의 전신인 유럽경제공동체(EEC)의 배경에는 마셜 플랜이 있었다고 할 수 있습니다. 드러커는 제2차 세계대전 중 육군성의 컨설턴트로서 군수품 생산 기업들을 관리했고, 마셜 플랜을 추진하는 과정에는 마셜 장관의 특별고문 자격으로 참여했습니다.

조지 마셜은 제2차 세계대전 중 미국 육군참모총장을 지냈고 전후 시절 국무장관을 지냈으며, 한국에서 6·25전쟁이 발발하자 트루먼 대통령은 일흔 살의 마셜을 다시 국방장관으로 임명했습니다. 그 후 유럽의 경제부흥에 대한 공적이 인정되어 1953년 노벨평화상을 수상했습니다.

리더십과 카리스마

당시 마셜 장군과 트루먼 대통령이 리더십을 발휘하는 과정을 관찰하며 드러커는 리더십에 있어 '카리스마'의 허구를 지적하고 팀 경영의 중요성을 인식하게 됩니다. 그 밑바탕에는 카리스마적 리더의 대표격인 히틀러와 스탈린에 대한 불신도 크게 작용했습니다.

드러커는 『미래의 결단』에서 카리스마적 인물은 결국 재앙을 초래한다고 지적했습니다. 또한 마셜이 '사람을 선발하는 일'에 미국 역사상 가장 성공한 리더라고 평가하며, 사람은 일하는 방식이 모두 다르다는 것을 잘 알고 있다고 했습니다.

어떤 사람은 팀의 한 구성원일 때 가장 일을 잘하고, 또 어떤 사람은 자문 역할을 할 때 가장 일을 잘하고, 또 다른 사람은 코치 또는 스승으로 일할 때 뛰어나게 잘하지만, 또 어떤 사람들은 스승 역할은 전혀 소질이 없고 부하로서 일할 때 가장 잘한다는 것을 모두 파악했던 것입니다.

Tip

금세기 천재적 악마이자 카리스마를 갖춘 히틀러와 스탈린은 지상낙원은커녕 아무것도 창조하지 못했고, 세계를 파괴했습니다. 카리스마를 가진 사람은 자신의 위력을 보여 주기 위해 엉뚱한 일을 꾸미는 것을 좋아합니다. 하지만 이에 휩쓸리지 말아야 합니다. 리더십이란 휘황찬란한 것이 아닙니다. 진정한 리더는 성실한 사람입니다.

나의 가치는 무엇인가?

대부분의 사람들은 자신이 누구인지, 그리고 삶의 목적이 무엇인지 잘 알고 있다고 생각합니다. 하지만 그들 대부분은 잘못 생각하고 있는 경우가 많습니다. 겨우 수십 년 전만 해도 거의 모든 사람들이 태어날 때부터 해야 할 일과 직업을 물려받았습니다. 농부의 아들로 태어나면 농부가 되어야 했습니다. 만약 농부의 적성은 부족하고 예술가적 기질이 많은 사람은 예술가도 되지 못하고 농부로서도 실패한 삶을 살아야 했습니다. 육체노동자의 아들은 육체노동자가 되고 부르주아의 자식은 부르주아가 되었습니다. 부르주아의 경우에는 실패가 없었습니다. 의사, 법률가, 예술가 등은 자식들이 자신과 같은 직업을 이어 가기를 바라면 그걸로 다 해결되었습니다. 그러나 지금 사람들은 많은 것을 선택할 수 있습니다. 그러므로 사람들은 자신의 강점을 파악해 자신이 어디에 속해야 적합한지를 알아야 합니다.

물론 지금도 태어날 때부터 자신이 있어야 할 곳이 정해져 있는 사람도 있습니다. 대개 수학자나 예술가는 타고나는 것이라고 합니다. 하지만 대부분의 사람들은 타고난 재능이나 기술도 없고, 심지어 보통 수준이나마 될 정도의 기회마저도 없는 경우가 대부분입니다. 물론 타고난 수학자가 아니어도 대부분은 대수와 기하학을 배울 수 있습니다. 외국어에 대해서도 마찬가지고, 역사나 경제학 그리고 화학과 같은 주요 학문에서도 그렇습니다. 사람은 소질이 없는 어떤 기술 또는 지식도 충분히 습득할 수 있습니다.

하지만 사람의 본성은 잘 바뀌지 않기 때문에 자신의 역량이 부족한 분야를 개선하려고 노력하는 것보다는 자신이 남보다 더 잘하는 일이나 기술을 연마하는 데 더 시간을 투자해야 합니다. 내가 잘하지 못하는 일에 익숙하게 만들려면 엄청난 시간과 에너지가 소요됩니다. 그러나 잘하는 일을 더 잘하게 만들어 그 점을 나만의 강점으로 만드는 일은 훨씬 더 쉽습니다.

그런데도 대부분의 사람들은 역량이 부족한 분야의 일을 맡고 있습니다. 학교나 기업은 학생들과 직원들에게 부족한 점과 평균 이하의 성과를 내는 부분을 보완하고 개발하라고 요구합니다. 하지만 한 분야에서 성공한 사람이 되려면 역량 있는 분야에 에너지와 자원 그리고 시간을 투입해야 합니다.

그러므로 특히 지식근로자는 역량이 부족한 분야를 연구해서도, 그 임무를 맡아서도 그리고 지명을 받아서도 안 됩니다. 지식근로자가 성공적인 조직생활과 보람 있는 삶을 누리려면 자신의 본성을 알고 자신의 가치관에 적합한 일을 해야 합니다. "나의 가치는 무엇인가?"라는 질문에 답할 수 있어야 한다는 것입니다. 드러커는 그것을 '거울 테스트(mirror test)'라고 했습니다. 스스로 다음과 같은 질문을 한번 해 보세요.

"아침에 세수를 할 때, 또는 화장품을 바를 때 거울 속의 내가 어떤 종류의 사람으로 비치길 바라는가?"

한 조직에서 어떤 사람이 수용할 수 없는 가치 시스템은 그 사람에게 좌절감과 성과를 달성하지 못하는 패배감을 맛보게 합니다. 드러커 역시 자신이 잘하고 있어서 성공하고 있는 분야와 자신의 가치 사이에서 선택을 해야 하는 순간이 있었습니다. 1930년대 중반 런던에서 드러커는 젊은 투자 은행가로서 자타가 공인할 정도로 훌륭한 성과를 올리고 있었습니다. 그것은 분명 드러커의 역량과 강점과 부합했습니다.

하지만 드러커는 재산관리자로서는 사회에 공헌하기 힘들다고 생각했습니다. 그에게 중요한 가치는 돈이 아니라 '사람'이었습니다. 가장 부유한 사람으로 기억되어 땅에 묻히는 것은 아무런 의미가 없다고 생각했습니다. 대공황 시대 드러커는 돈도, 직업도 없어서 전망이 밝지 않았지만 결국 은행을 그만두고 미국으로 떠났습니다. 그것은 옳은 일이었습니다. 가치는 다른 말로 표현하면, 인간의 궁극적인 평가 기준이고 또한 궁극적인 평가 기준이 되지 않으면 안 된다는 것입니다. 드러커는 자신의 인생관에 대해 『21세기 지식경영』에서 심층적으로 서술하고 있습니다.

피터 드러커의 저서

피터 드러커 지음, 이재규 옮김, 『21세기 지식경영』
지식근로자의 자기 관리법을 제기한 책이다. 1999
년 말, 「비즈니스위크」는 이 책을 1999년도 출판된
경영서적들 가운데 10대 명저의 하나로 선정했다.
이 책에서 드러커는 "나는 문제를 제기하는 것이 아
니라 지식근로자인 당신이 당면한 문제에 대한 해
답을 제시하고자 한다!"고 역설한다.

제 7 장

현대 경영학을 창시하고 지식사회를 예견하다

버몬트에서 뉴욕으로 다시 온 드러커는 우연한 기회에 뉴욕 대학교 교수가 되어,
본격적으로 경영학을 연구하고 가르치게 됩니다.
그리고 슘페터와 미제스 등 고향에서부터 알았던 사람들을 다시 만났습니다.
이 기간 동안 기업에 대한 컨설팅을 하면서 드러커는 경영학 분야에서
금자탑 같은 저서들을 발표합니다.
활발한 저술활동을 통해 인간은 물질적으로 소비수준을 높일 수 있고,
또 내세가 아니라 지상에서 행복하게 살 수 있다는 신념을 실천하는 사람이
곧 경영자라고 주장했습니다.

앞일은 알 수 없다

1949년 말 드러커의 가족은 7년간 살았던 버몬트를 떠나 다시 뉴욕으로 돌아왔습니다. 도리스와 아이들도 모두 버몬트를 고향처럼 좋아했지만, 그 지역의 기숙학교에 들어가기를 싫어하는 큰딸 캐서린의 교육문제 때문이었습니다. 동서양을 막론하고 자식 잘 키우자는 데는 부모도 어쩔 수 없는 법. 게다가 드러커는 그해 말 뉴욕의 컬럼비아 대학교에 교수로 취임하기로 결정이 되어 있었습니다. 당시 컬럼비아 대학교 총장으로 재직했던 드와이트 아이젠하워(Dwight Eisenhower, 1890~1969, 미국 제34대 대통령)의 서명을 받는 절차만 남겨 두고 있었죠.

그러나 세상은 늘 계획대로 되는 것은 아닙니다. 드러커는 수업 준비를 위해 컬럼비아 대학교에 나갔다가 아이젠하워 총장이 재정난을 이유로 교수 채용 서명을 거부했다는 사실을 알게 되었습니다. 갑자기 실업자가 된 드러커는 망연자실하여 차가운 겨울 뉴욕의 거리를 목적지도 없이 방황했습니다. 온갖 생각을 하면서 말입니다. 그때 누군가가 말을 걸어왔습니다.

"요즘 어떻게 지내십니까?"

드러커가 알고 지내던 뉴욕 대학교의 교수였습니다. 드러커는 침울한 어조로 말했습니다.

"컬럼비아 대학교에서 매니지먼트를 가르칠 예정이었는데, 채용 계획이 취소되었습니다."

그러자 그 사람이 미소를 지으며 말했습니다.

"마침 잘 되었군요. 저희 대학에서 매니지먼트 학과를 신설할 예정이어서 교수들을 물색하고 있는 중입니다."

드러커는 운명의 여신이 있다면 그런 때 나타나는 것이라고 생각했습니다. 일주일 뒤 그는 뉴욕 대학교 매니지먼트 학과를 신설하는 학부장에 취임했습니다. 그는 사실 자신이 비즈니스스쿨에서 교편을 잡게 되리라고는 상상하지도 못했습니다. 당시에는 매니지먼트 분야를 비즈니스와 연결해서 보는 사람이 거의 없어서 오히려 행정학이나 정치학에 가깝게 취급되었습니다. 컬럼비아 대학교에서도 신설되는 미국학과에서 매니지먼트를 가르치기로 되어 있었습니다.

뉴욕 대학교 매니지먼트 학과의 교수진에는 품질관리의 대가 에드워드 데밍(William Edwards Deming, 1900~1993)도 드러커의 소개로 가세했습니다. 두 사람은 미육군성의 컨설턴트로 함께 근무했고, 또 제2차 세계대전 종전 후 일본이 경제재건을 위해 미국의 여러 전문가들을 초청했을 때 두 사람은 일본에 경영 아이디어를 전수해 주었습니다.

여담이지만, 그 무렵 드러커는 하버드 대학교로부터도 제안을 받았습니다. 그것도 한 번이 아니라 네 번이었는데, 두 번은 비즈니스스쿨이었고, 두 번은 정치 행정학 쪽이었습니다. 그러나 모두 거절했습니다. 이유는 간단했습니다. 하버드 대학교는 한 달에 3일 이상 외부 컨설팅을 해서는 안 된다는 규정을 갖고 있었는데, 드러커는 경영학교수로서 "매니지먼트를 가르치기 위해서는 실무경험이 필수불가결하다."고 주장했기 때문입니다. 하버드 대학교 측은 실무경험은 '케이스 스터디'로도 얻을 수가 있으며 학칙 변경은 불가하다고 고집했으므로 결국 합의를 보지 못했던 것입니다.

Tip

혹시 여러분 중에 '하버드 대학교를 거절하다니.'라고 생각하는 사람이 있을지도 모릅니다. 하지만 드러커는 항상 사람은 자신이 있을 곳에 있어야 한다고 말했습니다. 프랑크푸르트를 떠난 것이나, 런던에서 은행을 그만두고 뉴욕으로 온 것이나 모두 그런 판단 때문이었습니다. 「중용(中庸)」에 '군자소기위이행, 불원호기외(君子素其位而 行, 不願乎其外).'라는 구절이 있습니다. 사람은 마땅히 그 자리에 적합한 일을 행해야 하고 그 외에는 원하지 않아야 한다는 뜻입니다. 이는 드러커의 주장과 같습니다.

삶, 죽음 그리고 은퇴

드러커가 뉴욕 대학교에서 매니지먼트를 가르치기로 결정한 1949년 말, 캘리포니아 대학교 교수직을 은퇴하신 아버지가 뉴욕을 방문했습니다. 미국경제학회 회장이자 하버드 대학교 교수로 이미 세계적인 명사가 된 아버지의 오랜 친구, 슘페터가 중병으로 입원해 있었기 때문이었습니다. 병실에서 만난 두 노인은 지난날을 회상했고 드러커는 뒤에서 조용히 두 사람의 대화를 경청했습니다. 두 사

우리 인생을 우주에 비교하면 너무나 보잘것없어 보입니다.
하지만 누군가에게 긍정의 영향을 미치는 삶을 살 수도 있기에
인생은 짧지만 아름다운 것이랍니다.

람 모두 오스트리아 정부에서 함께 일했지만, 슘페터는 1932년에, 드러커의 아버지는 1938년에 미국으로 이민한 후 오랫동안 만나지 못했으니 할 말도 많았습니다. 드러커는 문득 사람이 유명해지는 것만이 인생을 저울질하는 척도는 아니라는 사실을 느꼈습니다.

'슘페터가 아무리 위대한 경제학자이지만, 은퇴 후에는 과연 무엇을 할 수 있을까?'

갑자기 아버지가 껄껄 웃더니 슘페터에게 질문을 던졌습니다.

"조지프, 자네는 아직도 자네가 죽은 후 어떤 사람으로 기억되길 바라는지에 대해 말하고 다니는가?"

젊었을 때 슘페터는 드러커가 어릴 때 필리글러 신부님에게서 들은 질문, 즉 "당신은 진정 어떤 사람으로 기억되기 바라는가?"라는 질문을 받으면 우쭐하며 이렇게 말했다고 해서 악명이 높았습니다.

"나는 말이지, 유럽 최고 미녀들의 연인, 유럽의 최고 승마선수, 그다음으로는 세계 최고 경제학자로 기억되길 바라네."

거기엔 그럴 만한 이유가 있었습니다. 슘페터는 스물세 살에 빈 대학교에서 박사학위를 받은 똑똑하고 전도유망한 청년이었고, 부유했으며 귀족적이었습니다. 게다가 서른 살이 되었을 때는 처음으로 저술한 책과 두 번째로 저술한 책이 모두 베스트셀러가 되어 이름을 날리고 있었던 것입니다. 하지만 이제 노쇠한 슘페터는 드러커 아버지의 질문에 조용히 대답했습니다.

"그럼, 물론이지. 그 질문은 여전히 나에게 중요해. 그러나 지금 나는 그 당시와는 전혀 다른 대답을 할 거라네. 나는 대여섯 명의 우수한 학생을 일류 경제학자로 키운 교수로서 기억되길 바라. 나도 이제 책이라든가 이론으로 기억되는 것만으로는 충분하지 않다는 것을 알 만한 나이가 되었어. 책과 이론이 진정 한 사람의 삶을 변화시키지 못하면 그런 게 다 무슨 소용이 있겠나."

슘페터는 드러커 부자가 방문하고 나서 며칠이 지난 후 1950년 1월 8일 세상을 떠났습니다. 슘페터의 임종은 드러커가 인생에서 '은퇴'가 갖는 의미를 생각하게 하는 첫 번째 사건이었습니다. 드러커는 두 사람의 대화에서 세 가지를 배웠습니다.

첫째, 사람은 자신이 어떤 사람으로 기억되기 바라는지 질문해야 하고 또 대답을 해야 한다는 것입니다.

둘째, 사람은 나이가 들면서 그 대답을 바꾸어야만 합니다. 그것은 사람이 성숙해 가면서, 그리고 세상의 변화에 맞추어서 바꾸어야만 합니다.

셋째, 자신이 인간의 삶에 변화를 일으킨 적이 있는가 돌이켜 보아야 합니다. '인간의 삶에 변화를 일으키는 것'이야말로 드러커가 슘페터에게서 배운 진정한 교훈이었습니다. 드러커는 이와 유사한 에피소드를 1990년도 저서 『비영리단체의 경영(Managing the Non-Profit Organization)』에서도 인용했습니다. 드러커가 어떤 치과 의사에게 "당신은 세상을 떠난 후 어떤 사람으로 기억되기를 원하십니까?"라고 질문하자 그는 이렇게 답했다고 합니다.

"내 환자가 죽은 후, 사람들이 그를 검시실에 안치하면서, '이 망자는 정말 최고의 치과 의사에게 치료를 받았군!'이라고 하는 말을 듣는 사람이 되길 바랍니다."

소비수준의 증대를 통한 행복 추구

GM에 대해 컨설팅을 한 결과물인 『기업의 개념』이 출판되었을 때 정치학계 및 경제학계로부터 따가운 눈총을 받았던 것처럼, 정통 경제학계에서는 드러커가 본격적으로 매니지먼트 학과를 개설하여 경영학을 가르치는 것 또한 무시하고 하찮게 보았습니다.

앞서 말한 대로 드러커의 아버지 아돌프는 1900년대 초 오스트리아 외국무역성에 근무하면서 빈 대학교에서 경제학을 가르치기도 했습니다. 젊은 경제학도들을 외국무역성에 채용하여 육성했고 또 그들을 집에 자주 초대했습니다. 제자 중 한 명이었던 미제스는 제2차 세계대전이 발발한 직후 1940년 미국으로 건너와 1945년부터 1969년까지 뉴욕 대학교의 초빙교수로 경제학을 가르치고 있었습니다. 1950년 가을 어느 날, 미제스는 뉴욕 대학교 엘리베이터에서 만난 드러커를 보고는 힐난을 서슴지 않았습니다.

"자네는 경제학자로서 매우 뛰어난 인재인데, 요즘 뭐, 경영학을 연구한다고? 경영학이 무슨 학문인가?"

드러커는 자신의 처지를 다음과 같이 설명했습니다.

"인간의 행복을 증진하는 것은 궁극적으로 물질적 소비수준의 증대를 통해서 가능합니다."

철저한 자유주의 경제학자인 미제스는 1922년에 이미 『사회주의』라는 저서를 통해, 사회주의에서는 인간의 물질적 생활수준이 유지될 수 없을 뿐만 아니라 인간의 자유도 불가능하다고 주장했습니다. 또 대량수요가 대기업 경제를 번영시키는 토대라고 일찍부터 생각하고 있었습니다. 미제스는 드러커가 자신의 영향력 아래 우수한 경제학자가 되기를 바랐는지도 모릅니다. 그러나 드러커는 신념에 찬 목소리로 자신의 의견을 계속 말했습니다.

"실질적으로 기업의 생산활동과 구성원들의 생산성을 향상하는 방법에 대해 초점을 맞추는 학문은 경제학이 아니라 경영학입니다. 그리고 저는 다른 무엇보다도 생산현장에서 일하는 인간에 대해 관심을 갖고 있기 때문입니다."

Tip

드러커의 경제·경영사상은 아버지의 생각과 함께 미제스, 슘페터, 하이에크 등 아버지의 친구 또는 후배 경제학자들의 자유주의적·보수주의적 생각에 크게 영향을 받았음을 알 수 있습니다. 한 걸음 더 나아가 드러커는 지식을 가진 개인들, 지식근로자가 주요 생산 요소가 되었다고 본 것입니다.

현대 경영학의 아버지

피터 드러커는 '경영을 발명'하지 않았습니다. 사실 드러커 본인도 최초의 경영자는 4,000년이 지난 지금도 건재한 피라미드를 만든 사람이라고 했습니다. 2,500년 전 춘추시대 손자(孫子)의 『손자병법』은 오늘날의 경영전략과 별 차이가 없습니다. 500년 전 마키아벨리(Machiavelli, 1469~1527)의 『군주론』도 마찬가지입니다. 한 세기 전 프레드릭 테일러의 『과학적 관리법』도 그렇습니다. 그런데도 드러커를 현대 경영학의 아버지라고 부르는 이유는 다음과 같습니다.

첫째, 드러커는 우리가 지금 생각하고 있는 것과 같이 현대 경영학을 발명했다.
둘째, 하버드 경영대학원 등 경영대학은 상당히 오래전부터 존재했지만, 드러커는 경영을 하나의 직업으로서 신뢰받을 수 있고 또 가시적으로 드러나도록 연구하고, 방법론을 제시했다.
셋째, 새로 발생하는 기업의 복잡한 문제에 대응하고 또한 문제 해결에 필요한 경영도구의 틀을 제시했다.

드러커는 1955년부터 1969년까지 기술역사협회(The Society for the History of Technology)의 회장을 지냈고, 뉴욕 대학교에 재직하는 20년 동안 『경영의 실제(The Practive of Management)』『창조하는 경영자(Managing for Results)』『자기경영노트』『단절의 시대』 등

경영학과 사회과학 저서 10여 권을 펴냈습니다.

『경영의 실제』『창조하는 경영자』 그리고 『자기경영노트』는 1974년에 출간된 저서 『피터 드러커 매니지먼트(Management : Tasks, Responsibilities, Practice』와 더불어 현대 경영학의 체계를 수립한 책들입니다. 『단절의 시대』는 기업이나 경영과는 관계없는 정부기관 쪽에서 높이 평가받아 베스트셀러가 되었는데, 이 책에서 드러커가 만든 '민영화(privatization)' 개념은 영국 보수당이 기본정책으로 채택했고, 뒤에 대처 정부에서 본격화되어 영국 내 거의 모든 정부 소유 기업이 민간의 손에 넘어갔습니다. 드러커는 『단절의 시대』에서 지식이 주요 생산요소를 넘어 유일한 생산요소가 되고 있다고 지적하며 앞으로 지식사회가 도래할 것이라고 예견했습니다.

경영의 실제

『경영의 실제』에서 드러커는, 경영자는 경제적 자원을 체계적으로 조직함으로써 인간의 생활을 향상시킬 수 있다는 신념을 나타내고 있습니다. 인간의 행복은 재화의 소비수준을 높여서 달성된다는 것, 그리고 경영자는 경제적 발전을 통해 인간생활의 향상과 사회정의를 실현하는 가장 강력한 원동력이라는 신념을 단적으로 표현한 것입니다. 이 주장은 『경제인의 종말』에서 생활수준의 저하가 결국 인간성을 파괴하고 또 사회정의도 헛되게 하여 전체주의를 초래하는 사실을 관찰한 결과를 토대로 한 것입니다.

『경영의 실제』는 1954년 출간되자마자 베스트셀러가 되었으며 '현대 경영학의 체계'를 세운 책으로 인정받았습니다. 이 책은 '경영'이 20세기의 주요한 사회적 혁신들 가운데 하나로 자리 잡게 하는 데 큰 역할을 했습니다. 스튜어트 크레이너(Stuart Crainer)는 1997년 출간한 저서 『경영 명저(The Ultimate Business Library)』에서 역사적 경영 명저 50권 가운데 피터 드러커의 『경영의 실제』와 『단절의 시대』 두 권을 포함시켰습니다. 『경영의 실제』에서 드러커는 다음과 같은 유명한 세 가지 화두를 던졌습니다.

"우리가 하는 사업은 무엇인가(What is our business)?"
"우리의 고객은 누구인가(Who is our customer)?"
"우리의 고객이 추구하는 가치는 무엇인가(What does our customer consider value)?"

이런 질문에 대한 대답은 경영자들로 하여금 가치경영, 가치혁신, 경영혁신으로 눈을 돌리게 하고 "사업의 목적은 고객을 창출하는 것이다."라는 결론에 도달하게 합니다.

창조하는 경영자

『경영의 실제』가 출판된 지 10년 만에 나온 『창조하는 경영자』는 '경영자가 해야만 하는 일(what to do)'을 다루었습니다. 이 책은 어떤 기업이라도 경제적 성과(economic performance) 달성 능력을 높이고, 경제적 결과(economic results)를 산출하기 위해 반드시 실행해야 하는 경제적 과제들(economic tasks)을 다루고 있습니다. 이 책은 그런 과제를 정리하여, 경영자들로 하여금 자신들이 수행해야 할 과제를 이해하고 그것들을 체계적·목적 지향적으로 실천하여 그런 과제의 달성 확률을 월등히 높이려는 것입니다. 이 책은 경영자가 꼭 해야만 하는 일은 무엇인지, 그리고 그것을 어떻게 수행할 수 있는지에 대한 개념과 접근 방법도 개발하려고 했습니다.

이 책은 드러커가 컨설턴트로서 다년간 온갖 종류의 기업들의 경영 상담을 해 주면서 터득한 실질적인 경험에서 우러나온 것입니다. 이 책은 비록 이론적이기보다는 실무적이기는 하지만 한 가지 명제를 제기하고 있습니다. 그것은 경제적 성과 달성은 기업이 수행하는 특유의 기능(specific function)이자 기업이 사회에 제공하는 공헌(contribution)이고, 그리고 그것이야말로 기업의 존재 이유(reason for existence)라는 것입니다.

우리가 일반적으로 '일한다'고 할 때, 일(work)은 경제적 성과 달성 능력을 높이고 경제적 결과를 획득하는 과정을 말합니다. 결과를 산출하기 위해서, 일은 철저히 검토되어야 합니다. 또한 방향과 방법과 목적을 갖고 하지 않으면 안 됩니다. 하지만 지금까지는 경제적 성과 달성에 관한 어떤 학문적 원칙도, 조직된 지식도, 체계적 분석도, 목적 지향적 접근 방법도 없었습니다. 심지어 그런 과제들을 선별하고 분류하는 작업마저도 되어 있지 않습니다. 요컨대 기업 특유의 과제와 기능을 체계적·목적 지향적으로 달성하기 위한 기초가 아직은 존재하지 않았다는 말입니다.

이 책은 독창적인 것이라거나 심원한 것이라고 주장하지는 않지만 기업의 경영자가 수행해야 할 경제적 과제를 체계적 형태로 제시하고, 기업의 경제적 성과 달성 능력에 관하여 학문적 원칙을 정립하려고 시도한 최초의 책입니다.

자기경영노트

피터 드러커는 『자기경영노트』에서 목표를 달성하는 구체적인 방법을 제시했습니다. 일부를 소개하면 다음과 같습니다.

- 자신의 시간을 관리하는 방법을 익혀라.
- 공헌할 목표에 초점을 맞추어라.
- 강점을 활용해라.
- 중요한 것부터 먼저 해결해라.
- 의사결정 과정에 영향을 주는 요소들을 파악해라.
- 목표 달성 능력(effectiveness)을 키워라.

더불어 누구나 목표 달성 능력을 습득할 수 있으니 반드시 배워야 한다고 결론을 내리고 있습니다. 농업 및 산업사회의 중심 노동력인 육체노동자에게는 일의 목표(objective)와 수단(brawn, muscle)이 이미 정해져 있습니다. 따라서 육체노동자에게는 효율성(efficiency)만 있으면 충분합니다. 효율성은 주어진 일을 올바르게 할 수 있는 능력(ability to do things right)을 말합니다. 제화공은 구두를 생산하기 때문에 생산활동을 구체적으로 정의 내릴 수 있고 또 개별적으로 계산할 수 있는 산출물의 양과 질을 기준으로 언제든지 평가받을 수 있습니다.

지식근로자(knowledge worker)는 올바른 목표(right things)를 스스로 설정하고 또 수단(brain, knowledge)도 스스로 동원하여 목표를 달성해야 합니다. 우리는 지식근로자가 머릿속에 '무엇을 생각하고 있는지' 확인할 도리가 없습니다. 그리고 '생각하는 것'이야말로 지식근로자 고유의 직무입니다. 지식근로자는 그 자체만으로서 목표가 될 만한 어떤 것을 생산하지 않습니다. 그는 지식, 아이디어 그리고 정보를 창출합니다. 그는 물리적인 제품을 생산하지 않습니다. 수도관 한 개, 구두 한 켤레, 기계 부품 등 눈에 보이는 것을 직접 만들지 않습니다.

지식근로자가 창출한 '생산물', 즉 지식, 아이디어, 정보 설계도 등은 그 자체만으로는 아무런 쓸모가 없습니다. 누군가 다른 사람이, 즉 다른 지식근로자가 그것을 자신의 작업의 투입물로 이용하여, 과거에는 없었던 새로운 생산물로 바꾸어야만 합니다. 예컨대, 우리가 CD나 자동차 내비게이터를 구입하는 것은 곧 CD나 내비게이터가 담고 있는 지식과 정보를 사는 것입니다. 하드웨어는 육체근로자가 만들었지만 그 속의 지식과 정보는 지식근로자가 만든 것입니다.

따라서 '지식근로자의 생산성(knowledge worker productivity)'
이란 올바른 일을 수행하는 능력을 의미합니다. 그것이 곧 목표 달
성 능력입니다. 지식근로자에게 동기를 부여하는 것은 그 자신의 목
표 달성 능력, 즉 성취할 수 있는 능력(ability to achieve)입니다. 사
람의 목표달성능력과 그가 가진 지능, 상상력, 또는 지식의 수준 사
이에는 그다지 상관관계가 없습니다. 지능, 상상력 그리고 지식이
필수적인 요소인 것은 분명하지만, 그런 요소들만 있으면 저절로 목
표를 달성할 수 있는 것은 아닙니다. 그런 요소들을 결과로 연결시
키기 위해서는 목표 달성 능력이 별도로 필요합니다.

단절의 시대

드러커는 『단절의 시대』 초판 서문에 이 책의 목적을 다음과 같이
서술했습니다.

"게릴라의 출몰이 잦은 국가에서는 게릴라가 혹시라도 철로에 묻
어 두었을지도 모르는 폭발물을 미리 탐지하여 폭파하기 위해, 가볍
고 별로 비싸지 않은 손수레 차가 큰 목재 화물열차 앞을 달려가게
한다. 이 책이 바로 그런 '손수레 차' 와 같다. 미래라는 것은 '게릴라
국가' 와 같아서, 예기치 못한 혹은 얼핏 보면 별것 아닌 것이 오늘날
거대하고도 분명 돌이킬 수 없어 보이는 추세마저도 방향을 바꾸어
놓기 때문이다. 혹은 비유를 바꾸어 이 책은, 빤히 보이는 수평선 아
래에 조용히 있지만 이미 경제 및 정치체제, 그리고 사회를 바꾸는

피터 드러커 지음, 이재규 옮
김, 『단절의 시대』.

단절 현상들을 알려 주는 '조기 경보 시스템'과 같은 역할을 할지도 모른다. 오늘날 분명해 보이는 거대한 추세의 힘보다는 오히려 그런 단절 현상들이 우리들의 미래의 모습, 다시 말해 20세기를 마감하는 수십 년간의 모습을 규정하고 또 결정할 가능성이 더 크다. 말하자면 이런 단절들은 우리가 맞부딪힐 '근 미래(recent future)'다. 다시 말해 이미 완성된 사실이기도 하거니와 다가올 도전들이기도 하다."

드러커는 주요한 단절 현상들을 네 가지로 분류했습니다.

첫째, 새로운 기술의 등장입니다. 새로운 기술은 새로운 산업을 창출하고 또 기존의 회사와는 전혀 다른 회사를 창출할 것이 거의 확실하며, 그와 동시에 기존의 주요 산업과 거대 회사를 진부하게 만들어 버릴 것입니다. 20세기 초의 성장 산업은 19세기 중반과 후반에 나타난 과학적 발견들로부터 파생되었습니다. 20세기의 남은 수십 년 동안 등장할 성장 산업은 20세기의 전반기 1950~1960년 사이에 발견된 지식들, 예컨대 양자물리학, 원자학과 분자학, 생화학, 심리학, 기호논리학 등으로부터 비롯될 가능성이 높습니다.

둘째, 우리는 세계 경제(global economy)에 있어 주요한 변화를 겪고 있습니다. 경제 정책 및 경제 이론을 보면 우리는 여전히 '국제 경제(international economy)'라는 개념하에서 살고 있다고 가정합니다. 하지만 국제 경제하에서는 각각의 국가들이 독립 단위로서 일차적으로 국제무역을 통해 거래하고, 각국이 언어, 법률, 혹은 문화 조건이 다른 만큼이나 경제가 근본적으로 서로 다르다고 취급합니다. 그러나 어느새 공통의 정보가 동일한 경제적 취향, 욕구, 수요를 창

출하는 세계 경제를 만들고 있습니다. 공통의 정보가 국경, 언어, 그리고 대체로 정치 이념마저도 무시하고 각국을 넘나들고 있는 것입니다. 한마디로 세계는 '하나의 시장', 즉 글로벌 쇼핑센터가 되었습니다. 어쨌든 우리는 세계 경제라는 측면에서 경제 정책도 경제 이론도 전혀 갖추지 못하고 있습니다. 계급투쟁의 회피는 제1차 세계대전 이전 세대가 이룩한 최상의 성취였습니다. 오늘날 유일한 투쟁은 계급 간 투쟁이 아니라 인종 간 투쟁입니다.

셋째, 사회생활과 경제생활을 결정하는 정치적 여건이 급속히 변하고 있습니다. 오늘날 사회와 정치체제는 다원화되고 있습니다. 오늘날 사회적으로 중요한 과제들은 모두 영구적으로 조직된 대규모 기관들이 수행하고 있으며, 그것 또한 경영자가 도맡아 운영하고 있습니다. 우리가 기대하고 또 알고 있는 바를 지배하는 가정(假定)들은 18세기 자유주의 이론에 기초하여 형성된 개인주의 사회를 뒷받침하고 있지만, 우리들의 행동을 지배하는 현실은 정말 과도하게 조직되고 집중된 권력(overorganized power concentration)입니다. 하지만 우리는 또한 그런 추세로부터 이탈하는 전환점을 맞고 있습니다.

넷째, 그러나 변화들 가운데 가장 중요한 것은 지식에 관한 변화입니다. 지식은 지난 수십 년에 걸쳐 가장 중심적인 자본이 되었고 원가중심점이 되었으며 그리고 경제의 핵심적인 자원이 되었습니다.

Tip

『단절의 시대』는 트렌드를 예측하려고 시도하지 않습니다. 이 책은 단절 현상들을 파악하려 합니다. 이 책은 미래를 예측하려 하지 않습니다. 이 책은 오늘날의 현실들을 면밀히 검토합니다. 이 책은 "미래의 모습은 어떨까?" 하고 질문하지 않습니다. 그 대신 "미래를 만들기 위해 지금 우리가 해결해야 할 일이 무엇인가?"라고 질문합니다.
역사와 철학에 관심이 있는 분들은 『경제인의 종말』과 『단절의 시대』를 읽어 보시기 바랍니다. 경영자가 되고 싶은 사람은 『경영의 실제』와 『창조하는 경영자』를, 그리고 자기 자신에 대한 성찰에 관심이 있는 사람은 『자기경영노트』를 읽는 것이 도움이 될 것입니다.

경영자는 인간의 행복을 추구한다

피터 드러커는 경제 성장을 하기 위해서는 자본과 노동의 역할도 중요하다고 보았습니다. 또한 새로운 인간집단인 경영자가 경제적 자원을 잘 활용해야 인간의 소비생활을 향상시킬 수 있다고 주장하기도 했습니다. 경영자는 이제 사회의 기본적인 지배적인 계층으로 존재할 것입니다. 왜냐하면 현대 산업사회의 구조에서 없어서는 안 될 사람일 뿐 아니라 그 산업사회에서 생산자원, 즉 인적자원과 물적자원을 맡고 있는 기업이 경영자를 필요로 하기 때문입니다.

경제 발전은 인간생활의 향상과 사회정의를 실현하는 가장 강력한 원동력이 될 수 있습니다. 300여 년 전 영국의 풍자작가 조나단 스위프트(Jonathan Swift, 1667~1745)는 이렇게 말했습니다.

"그 전까지는 단엽식물만 자라던 곳에 복엽식물을 자라게 한 사람이 누구든 간에, 그는 어떤 명상적 철학자나 형이상학적 체계의 창시자보다도 인류의 진보에 더 큰 공헌을 한 사람으로 대접받아야 한다."

역사철학자들이 주장한 것들을 매우 단순화하는 오류를 범할 위험도 있지만, 역사의 원동력은 크게 정신 혹은 물질, 즉 관념론과 유물론으로 분류할 수 있습니다. 헤겔은 역사의 원동력은 인간의 절대정신(absolute Geist, 인간 이성)이라고 보았습니다. 역사란 절대정신이 실현되는 과정이고, 절대정신은 역사를 이성적인 방향으로 나아가도록 한다는 것입니다. 이를 관념론적 역사관(the Idealist Conception of History) 혹은 유심사관(唯心史觀)이라고 합니다.

반면 마르크스는 역사의 원동력은 이성과 같은 정신적 활동이 아니라 물질적 활동, 즉 생산력(총생산능력)과 생산관계(사회 구성원들 사이에 생산수단의 소유관계)와 같은 경제적 이해관계가 역사를 일정한 방향으로 나아가도록 하는 원동력이라고 주장했습니다. 이를 유물론적 역사관(the Materialist Conception of History) 혹은 유물사관(唯物史觀)이라고 합니다(이 말을 직접 사용한 사람은 엥겔스였습니다).

마르크스는 인간은 생존하기 위해 물질적 생산을 해야 하며, 이 활동이 경제적 토대, 즉 하부구조가 되어 정치, 법률, 종교, 사상과 같은 상부구조를 결정한다고 보았습니다. 이와 같이 경제적 활동의 결과가 사회구조를 결정하고, 사회계급을 형성한다고 보는 역사관을 역사적 유물론(historical materialism) 혹은 경제결정론(economic determinism)이라고 합니다. 다시 말해 유물론은 정신을 부정하고 물질적 원리만 주장하는 철학으로서, 정신은 고도로 조직된 물질인 뇌의 소산이며, 인식은 뇌에 의한 사물현상의 반영이라고 주장합니다.

드러커는 반유물론자였는데, 『경영의 실제』에서 다음과 같이 그 이유를 밝히고 있습니다.

"물질은 인간정신의 발전을 위하여 이용될 수 있으며, 또 당연히 이용되어야만 한다는 신념은 인류 정신사에 있어 오래된 다른 한 축인 유물론과는 전혀 다른 것이다. 사실 (경영자가 물질을 이용하여 인간의 생활을 향상시킬 수 있다는) 그런 신념은 우리가 철학 용어로서 항상 이해하고 있는 유물론과는 양립할 수 없다. 경영자, 즉 자원을 생산적으로 변환시키는 사람, 다시 말해 조직적으로 경제를 발전시키는 특별한 책임을 맡은 사회기관은 현대사회의 기본적 시대정신을 반영하고 있는 것이다."

드러커는 인간의 삶에 있어 정신은 물론이고 물질적 소비수준 향상이 중요하다는 사실을 『피터 드러커 매니지먼트』(1973)와 『보이지 않는 혁명 : 어떻게 연금기금 혁명이 미국에서 일어났는가?(The Unseen Revolution : How Pension Fund Socialism Came to America)』(1976) 등에서 지적하고 있습니다.

피터 드러커의 저서

피터 드러커 지음, 조성숙 · 이건 · 박선영 옮김, 이
재규 감수, 『피터 드러커 매니지먼트』

이 책은 피터 드러커의 명저들 중에서도 『경영의 실
제』와 더불어 피터 드러커 최고의 저작으로 첫 손가
락에 꼽히는 책이다. 이 책에서 그는 매니지먼트를
'관리'나 '경영' 등 단순한 의미로만 사용하지 않는
다. 그는 생산이나 제조 업무를 계획하고 관리하는,
조직의 모든 활동 이외에도 '매니지먼트 업무를 수
행하는 조직이나 개인'이라는 뜻을 추가시켜 매니
지먼트의 의미를 좀 더 확장시켰다. 이에 매니지먼
트 업무에 대해서만 다루는 것이 아니라 매니지먼
트의 과제와 책임, 사명과 목적, 기술, 전략 등 매니
지먼트의 모든 것에 대해 밝히는 거대한 작업을 수
행하기에 이르렀다.

제 8 장

후반부 인생의 사명 :
성취에서 공헌으로

드러커는 뉴욕 대학교에서 정년퇴직한 후 캘리포니아 주의 클레어몬트 대학원대학교로 옮겼습니다.
은퇴 후 그는 더욱더 생산성이 높은 인생을 살았습니다.
그리고 새로운 인생은 문필가로 되돌아가는 것으로 시작했습니다.
경영학과 사회과학 분야에서 성공을 거둔 드러커는 문필가로서의 꿈을 펴기 위해
자서전과 소설과 동양화 비평집을 펴내는 등 자신만의 즐거움을 누리기 위한 활동을 합니다.
그리고 미래 전망과 비영리부문에 대한 저서도 펴냅니다.

클레어몬트 대학원대학교

드러커는 "우리들 각자가 모두 CEO다(Each of us is a CEO)."라고 말했습니다. 그런 점에서 자신의 경력을 관리하는 한 CEO로서 드러커는 자신의 제2경력, 혹은 인생의 후반부에 남길 유산이 무엇인지에 대해 명쾌하게 정의를 내렸습니다. "만약 당신이 사용하는 말 중에서 '성취(achievement)'라는 말을 제외해 버리면, 오히려 당신은 각종 활동에서 최고의 결과(the greatest results)를 성취할 것이다. '성취' 대신에 '공헌(contribution)'이라는 말로 바꾸어라. '공헌'은 사람들이 자신들이 공헌해야 할 대상에다 초점을 맞추도록 해 준다."

드러커는 정년퇴임한 후 남은 인생 동안 경영분야 외에도 소설 집필, 일본 미술 강의, 비영리단체 경영 컨설팅, 미래 기업과 미래 사회 연구, 사회생태학 등에 대해 관심을 기울였습니다. 그리고 자신이 수행한 공헌을 '몇몇 사람들이 올바른 일을 달성하도록 도와준 사람'으로 기억해 주기 바란다고 겸손하게 말했습니다. 이에 대한 논의는 엘리자베스 하스 에더샤임이 쓰고 내가 번역을 맡았던 『피터 드러커 마지막 통찰(The Definitive Drucker)』에 잘 정리되어 있습니다.

1971년 드러커는 여느 교수와 같이 뉴욕 대학교에서 예순두 살의 나이로 정년퇴임을 했습니다. 드러커는 노인들이 지내기 좋은 캘리포니아 주로 가기로 작정했습니다. 마침 클레어몬트 대학원대학교에서 경영대학원 신설에 동참해 달라는 제의를 받기도 했지요. 호기심 많고 새로운 일 꾸미기를 좋아하는 드러커로서는 더할 나위 없는 조건이었습니다. 일찍 빈을 떠나 온 드러커는 버몬트 주 베닝턴을 제2의 고향으로 생각하고 있었는데 금상첨화로 클레어몬트의 주변 환경은 베닝턴과 매우 비슷했습니다.

클레어몬트의 별칭은 '나무와 공원과 클럽과 박사의 도시(a city of trees, parks, clubs, and Ph.Ds)입니다. 원래 이곳은 사막이었는데 도시의 설계자들이 일일이 나무를 옮겨 심었다고 합니다. 공원과 클럽이 많다는 것은 마음이 여유롭고 인생을 즐기는 사람들이 많다는 뜻입니다. 박사의 도시라는 것은 독특한 대학 시스템 때문입니다. 약 264만 4,640제곱미터에 달하는 대지에 다섯 개의 학부 대학교(포모나 대학교, 클레어몬트맥켄나 대학교, 하비머드 대학교, 피처 대학교, 스크립스 대학교)

캘리포니아 주 클레어몬트 시의 전경.

와 두 개의 대학원(클레어몬트 대학원대학교와 케그 대학원)이 자리하고 있는데 1925년 당시 포모나 대학교 학장 제임스 블레이스델(James A. Blaisdell)의 제안으로 클레어몬트 대학교 컨소시엄(Claremont University Consortium)이 만들어졌습니다. 일곱 개 대학 모두 개별적으로 미국 내 대학평가에서 상위를 차지하고 있습니다. 특히 포모나 대학교는 인문대학 평가에서 미국 제6위이고, 하비머드 대학교는 이공계 분야에서 MIT와 어깨를 나란히 합니다. 이들 대학들은 개별적으로는 규모가 작지만, 강의용 건물과 도서관 시설, 그리고 행정 및 학사운영 등을 통합하여 외관상으로는 마치 하나의 큰 대학교처럼 운

클레어몬트 대학원대학교.

영되고 있습니다. 종합대학의 편의성과 소규모 대학이 갖는 개별적 가치를 동시에 누리고 있는 것입니다.

드러커는 캘리포니아 주 최초로 직장인을 위한 최고경영자 과정인 eMBA(executive MBA)를 클레어몬트 대학원대학교에 개설하는 데 주도적 역할을 했습니다. 1987년 클레어몬트 대학원대학교는 경영대학원의 명칭을 드러커의 이름을 붙여 '피터 드러커 경영대학원 (Peter F. Drucker Graduate School of Management)'으로 바꾸었습니다. 드러커는 클레어몬트에서 35년 동안 살았는데, 클레어몬트 대학원대학교에서 사회과학 및 경영학 분야의 명예직인 마리 랜킨 클라크 석좌교수(the Marie Rankin Clarke Professor)로 재직했습니다. 그는 죽기 직전까지도 저술과 컨설팅 활동을 계속했고, 스스로도 매우 생산성 있는 삶을 살았다고 말했습니다.

Tip

드러커가 클레어몬트에서 거주한 35년(1971~2005)은 은퇴 후의 시기이므로 드러커
식 표현으로는 제2의 경력(second career), 즉 '제2막'이라고 할 수 있습니다. 바야
흐로 우리나라 사람들도 퇴직 후 30~40년을 살아야 하는, 소위 '너무 오래 사는 위
험한 사회'를 살고 있습니다. 한번쯤 은퇴 후 어떤 삶을 살지 미리 생각해 보아야 할
것입니다.

GE와 잭 웰치에 대한 조언

1971년에서 1992년까지 20여 년 동안 드러커는 최고경영자들에
대한 컨설턴트로서 타의 추종을 불허하는 명성을 누렸습니다. 전 세
계적으로 최우수 기업의 최고경영자들은 드러커에게 조언을 구하고
또한 받아들였습니다. 토머스 왓슨에 이어 IBM의 경영권을 승계한
왓슨 주니어와는 한 달에 두 번씩 만나 경영 문제를 상의했습니다.
시어스 백화점 등 대기업에서도 비슷한 컨설팅 의뢰가 들어왔습니
다. 그 점은 정부의 정책 입안가들이나 비영리부문의 지도자들도 마
찬가지였습니다.

1981년 마흔여섯 살에 GE의 CEO가 된 잭 웰치(Jack Welch)는
방만한 사업에 구조조정이 필요하다고 생각했습니다. 잭 웰치는 마
침 뉴욕을 방문한 드러커와 뉴욕의 GE 본사에서 이 문제에 대해 대
화를 나누었습니다. 드러커는 답을 제공하는 사람이라기보다는 오
히려 질문을 통해 답을 찾아내는 '산파술'을 좋아했습니다. 드러커
는 잭 웰치에게 다음과 같이 물었습니다.

"만약 당신이 옛날부터 이 사업을 안 하고 있었다고 합시다. 그렇

잭 웰치.

다면 지금 이 사업을 새로 시작하겠어요(If you weren't already in this business, would you enter it today)? 그렇지 않다면 이 사업을 어떻게 하겠습니까(If not what are you going to do about it)?"

이 질문은 간단했지만 매우 큰 힘을 발휘했습니다. "GE의 여러 사업부문들 중 1,2위를 하지 못하는 부문은 포기한다."고 하는 잭 웰치의 유명한 정책은 여기서 나왔습니다.

명사들이 본 피터 드러커

드러커는 1975년부터 20년간 「월스트리트 저널(Wall Street Journal)」의 사설란에 매월 한 차례씩 기고했습니다. 드러커의 말대로 '생산성이 가장 높았던 시기(period of greatest productivity)' 가 시작된 것입니다. 이 무렵 「하버드 비즈니스 리뷰(Harvard Business Review)」「포브스」「애틀랜틱먼슬리(Atlantic Monthly)」「이코노미스트(The Economist)」「파이낸셜 타임스」「포린어페어스(Foreign Affairs)」「포춘」「잉크(Inc.)」그리고 「하퍼스」등에도 활발하게 기고했습니다. 드러커는 일생을 통해 세상을 관찰하면서, 종종 믿기지 않을 정도로 간단한 아이디어를 수집하고 놀라운 결론을 내리기도 했습니다. 이 시기 드러커의 칼럼을 읽은 잭 웰치, 빌 게이츠, 톰 피터스, 케네스 볼딩, 앤드루 그로브 등 전 세계 내로라하는 CEO나 경영학자들이 그의 신선하고 정곡을 찌르는 아이디어에 극찬했습니다.

빌 게이츠.

톰 피터스.

"피터 드러커의 글은 우리를 생각하게 만든다. 그는 20세기 가장 위대한 경영사상가다."

– 잭 웰치(Jack Welch, GE 회장)

"우리 모두는 드러커에게 빚을 지고 있다."

– 톰 피터스(Tom Peters, 세계적인 경영 컨설턴트)

"드러커는 미국 사회의 제1급 철학자다."

– 케네스 볼딩(Kenneth Ewart Boulding, 미국의 이론경제학자 · 사회철학자)

"자신의 원칙을 쉬운 말로 설명하는 드러커의 능력은 일반 경영자들에게 공명을 불러일으킨다. 따라서 그의 간단한 경구는 일상의 경영활동에 헤아릴 수 없을 정도로 영향을 미쳤다. 지난 수십 년 동안 특히 나에게 그랬다."

– 앤드루 그로브(Andrew S. Grove, 인텔 회장)

앤드루 그로브

"드러커는 나에게 영향을 준 최고 경영학자다."

– 빌 게이츠(William H. Gates, 마이크로소프트의 창업주이자 전 회장)

"드러커는 나의 마음을 정리하게 해 준다. 그는 우리가 매번 만난 후에 '좋은 회의를 했습니다.' 라고 하지 말고 '다음 주 월요일 어떤 특별한 일을 할 것인지 말해 주세요.' 라고 말했다."

– 도널드 커(Donald Keough, 코카콜라의 전 사장, 현재 앨런 앤 컴퍼니의 회장)

문필가로서의 드러커

드러커는 이 기간 동안 경영학을 비롯하여 사회과학 저서 15권과 소설 2권 그리고 자서전 등 19권을 저술했습니다. 그러니까 거의 매년 한 권씩 책을 낸 셈입니다. 1974년 클레어몬트로 온 지 3년이 지났을 때는 경영의 과거와 미래를 분석한 『피터 드러커 매니지먼트』를 출판했습니다.

드러커의 저서 중 최고봉으로 평가되는 두 권의 책은 『경영의 실제』와 『피터 드러커 매니지먼트』입니다. 특히 후자는 백과사전만큼이나 부피도 두껍고 주제들도 폭넓어서 독자를 질리게 할 정도입니다. 드러커는 경영의 과제로서 첫째, 기업이 업적을 올릴 것, 둘째, 생산적인 과업을 수행하고 또 성취의욕이 있는 근로자를 양성할 것, 셋째, 기업이 사회적 책임을 도모할 것 등을 제시했습니다.

오늘날 많은 사람들이 드러커를 '현대 경영학의 아버지', '경영의 구루' 혹은 '경영 컨설턴트' 등으로 기억하고 있습니다. 그는 경영학에 정통한 학자였지만 사실 그의 소양은 인문학, 즉 문사철(문학, 역사, 철학)에 바탕을 두고 있었습니다.

드러커의 첫 직장은 무역회사였고, 그 다음은 은행, 기자, 법학 교수, 경제학 교수 등의 일을 하다가 마흔이 넘어 뉴욕 대학교에 부임하면서 본격적인 경영학자의 길을 걷게 되었습니다. 그 후 드러커는 동양미술을 강의했고 또 소설도 두 권이나 썼습니다.

『방관자의 모험』은 1978년 드러커가 예순아홉이 다 되어서 쓴 자전적 소설입니다. 1978년 이후 드러커의 행적에 대해서는 내가 2001년에 펴낸『피터 드러커 평전』과 2007년에 출판한『피터 드러커의 인생 경영』에 자세히 적었습니다. 1910년대에 겪은 어린 시절 경험부터 함부르크, 프랑크푸르트, 런던을 거쳐 미국에 정착하고 대공황과 제2차 세계대전을 맞은 1940년대 말까지 일어났던 사건과 그 사이에 만났던 사람들에게서 얻은 교훈을 담담하게 적어 내려갔습니다. 『방관자의 모험』에서 드러커는 그의 인문학적 소양을 마음껏 발휘했습니다. 책의 제목처럼 '방관자'가 되는 과정도 설명했습니다.

드러커가 여덟 살이었던 어느 날 그는 어린이를 위한 크리스마스 파티에서 사회의 방관자(bystander), 관찰자(observer) 혹은 해설자(commentator)가 된 자신을 발견했습니다. 당시는 제1차 세계대전이 벌어지고 있던 중이어서 물자가 매우 부족했기 때문에 암거래가 횡행했습니다. 그날은 빈의 한 유명 호텔과 식당의 소유자가 암거래 행위로 체포된 사건이 화두가 되었습니다. 파티에 모인 사람들은 대부분 상류층 자녀였는데 사회적인 이슈에 대해 나름대로 의견을 교환했습니다. 모두들 돌아가면서 의견을 말하고 이제 드러커가 말할 차례가 되었습니다. 그는 의외로 암거래자를 옹호하는 펼쳤고 그 때문에 파티장의 분위기는 매우 어색해지고 말았습니다. 그때 친구 아버지가 드러커를 한쪽으로 데리고 가더니 조용하게 타일렀습니다.

"너의 의견은 정당할 수는 있지만 오해를 살 수도 있을 것 같구나. 자칫하다가는 친구들로부터 따돌림을 당할지도 모르니 앞으로는 다른 사람의 눈치를 보면서 얘기하는 것이 좋을 거야."

드러커는 그 훈계를 호의로 받아들였지만 방관자에게 늘 따라다니는 비난이라고 체념했습니다. 그리고 앞으로 자신은 다른 사람과는 다른 견해를 갖는 것이 숙명이 될지도 모른다고 생각했습니다.

실제로 드러커는 자신의 본 사회의 모습을 거리낌없이 매우 솔직하게 표현했습니다. "당시의 빈에서 섹스는 문자 그대로 자유경쟁 방식이었다."고 묘사하며 방관자적인 글쓰기를 계속했습니다. 드러커는 『방관자의 모험』에서 역사적으로 유명한 사람들, 예컨대 프로이트, 수학자 겸 발명가 리처드 풀러, 마셜 맥루한, 앨프레드 슬론

앨프레드 슬론,

헨리 루스.

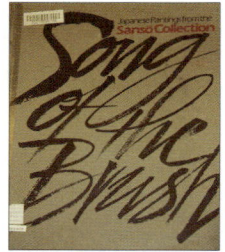

『일본화 평론집』 원서 표지와
본문.

GM 전 회장, 「타임」지 창업자 헨리 루스, 노동운동 지도자 존 루이스(John L. Lewis, 1880~1969) 등은 물론이고, 할머니와 부모와 친척, 초등학교 선생님, 종교시간을 담당한 신부님, 살롱에서 만난 사람들 등 평범한 사람들에게서도 많은 것을 배웠다고 회고했습니다. 그것은 물론 드러커가 관찰자였기 때문에 가능한 일이었습니다.

클레어몬트로 온 후 약 20년 동안 드러커는 클레어몬트 대학원대학교에서 경영학과 사회과학을 가르쳤는데 그 시기는 그의 예술에 대한 호기심이 폭발한 때이기도 했습니다. 특히 1975~1985년 사이 드러커는 포모나 대학교에서 일본화를 비롯하여 동양예술에 대해 강의를 했고, 이를 바탕으로 1979년 『일본화 평론집(Song of the Brush : Japanese Paintings from the Sanso Collection)』을 집필했습니다. 1934년 런던에 거주하던 시절 드러커는 처음 일본화를 구경하고 금세 매료되었습니다. 그 후 미국으로 와서도 일본화를 소장하고 있는 미술관에 자주 들러 감상을 즐겼습니다. 1959년 처음 일본을 방문한 후로 드러커는 일본화는 물론이고, 일본이라는 나라 자체에도 매력을 느끼게 되었습니다. 1979년 드러커는 그동안 수집한 무로마치와 모모야마 시대의 수묵화(水墨畵), 에도시대(1603~1867)의 산승화(山僧畵)와 선화(禪畵), 18~19세기 남화(南畵) 또는 문인화 가운데 대표적인 것들을 골라 미국에서 순회전시회를 열었고 1986년에는 일본에서도 전시회를 개최했습니다.

드러커는 1982년 『최후의 가능한 세상(The Last of All Possible Worlds)』, 1984년 『선에의 유혹(The Temptation to Do Good)』이라

는 소설을 발표했습니다. 이 책은 드러커가 쓴 최초의 픽션입니다. 2005년 1월부터 2월까지 「니혼게이자이신문」에 27회에 걸쳐 연재한 『나의 이력서』에서 밝힌 것처럼 드러커 본인도 자신을 문필가로 간주했습니다. 이 대담을 나중에 소책자로 펴내면서 드러커는 서문에 이렇게 말했습니다.

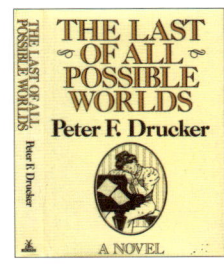

『최후의 가능한 세상』 표지.

"문필가의 인생 자체가 의미 있고 중요하게 간주되는 경우는 없다. 중요한 것은 그의 저술, 즉 업적이다. 문필가로서 나의 인생도 예외는 아니다."

드러커는 경영학을 비롯하여 사회과학과 인문학 분야에 많은 저술을 남겼지만 '기본은 문필가'라는 신념을 실현하기 위해 말년에 소설을 출간한 것입니다. 빈은 예나 지금이나 음악의 도시입니다. 빈 출신이라고 해서 모두가 클래식을 좋아하는 것은 아니지만 드러커는 빈에서는 물론이고 함부르크에서도 일부러 시간을 내어 음악을 들었습니다. 자신의 말마따나 음악이 귀에 들리지 않았기 때문에 음악을 직업으로 삼을 생각은 없었지만 드러커가 태어나기 몇 년 전 사망한 당대의 유명한 작곡가 드보르자크(Antonín Dvořák, 1841~1904)의 실내악, 특히 현악 4중주를 좋아했습니다.

『선에의 유혹』 표지.

안토닌 드보르자크
체코의 작곡가. 자연스러운 음악 속에 체코 민족의 애환을 담은 독자적인 작풍을 이루었다. 표제음악 전성기에 절대음악을 많이 작곡했고 미국 체류 중에는 니그로나 아메리칸 인디언 음악 요소를 곁들인 작품을 썼다.

드러커는 컨설턴트, 교수, 학자로 활동했지만 마음속에서는 언제든 빈으로 돌아가 고향을 그리는 글을 쓰면서 여생을 보내고 싶어 했는지도 모릅니다. 『최후의 가능한 세상』은 일흔세 살에 쓴 작품으로, 두 대의 바이올린, 비올라, 첼로로 이루어진 현악4중주처럼 오케스트라처럼 웅장하지는 않지만 섬세하고 이지적인 매력을 풍기고 있습니다. 일본에서는 아예 『최후의 4중주』라는 제목으로 출간되었습니다.

이 책의 제목은 볼테르(Voltaire, 1694~1778)의 철학소설 『캉디드 혹은 낙천주의자(Candide ou l'optimisme)』의 한 구절에서 따온 것입니다. 주인공 캉디드는 스승 팡글로스의 가르침대로, 자신에게 닥친 불행조차도 그에게는 최상의 상태로 존재하며, 세상은 "최선으로 이루어져 있다(the best of all possible worlds)."고 믿는 인물입니다. 드러커가 묘사한 소설의 시대와 배경은 1906년 런던인데, 자신의 소설에서 묘사한 세상이 제1차 세계대전 직전의 에드워드 시대인지 혹은 그 이전 시대인지는 독자의 판단에 맡긴다고 했습니다.

드러커는 두 번째 소설 『선에의 유혹』에서는 장기간 성공을 누려 왔던 조직의 구성원들이 겪는 갈등을 묘사했습니다. 조직 내 갈등 문제는 경영학에서 비교적 중요하게 다루는 이슈이고 또 생생하게 사례를 들어 설명해야 하는 것이지만, 일반적인 저서에 포함되기는 적절하지 않다고 생각했는지 드러커는 이를 소설로 꾸몄습니다.

경영 철학을 정리하다

1985년 드러커는 경제 현실이 '관리 경제(managerial economy)'에서 '기업가 경제(entrepreneurial economy)'로 바뀌고 있음을 파악하고는 1985년 기업가정신을 강조하는 『기업가정신』을 저술했습니다.

이 책에서 드러커는 혁신을 성공적으로 추진하기 위한 기회(innovation opportunity)를 일곱 가지로 정리했습니다. 기업 내부 또는 산업 내부에 네 개의 기회가 있는데, 그것은 예상치 못했던 일, 현실과 이론의 불일치 현상, 프로세스상의 필요성, 산업과 시장의 변화를 말합니다. 또한 기업 외부의 사회적 환경 변화에 세 개의 기회들이 더 있는데, 바로 인구의 변화, 사회적 인식의 변화, 새로운 지식의 등장입니다. 이런 기회들은 위험의 본질, 난이도, 그리고 복잡성에서 서로 다르지만, 서로 중복되는 것이 사실입니다. 그리고 어느 시점에 혁신에 대한 잠재적 능력은 한 영역에만 한정되지는 않습니다.

1989년 출판한 『새로운 현실(The New Realities)』은 사회적으로 큰 반향을 불러일으켰습니다. 미국뿐 아니라 유럽, 소련, 일본 및 개발도상국의 정치, 사회, 경제를 모두 다루었고, 1873년 빈의 증권시장이 붕괴했을 때부터 1973년 오일쇼크 때까지 세계의 정치 현실을 조명했습니다.

드러커는 1873년은 자유방임주의 시대가 끝나는 시기이며, 1973년은 정부가 진보를 지향하던 시대의 종말이었다고 역사의 경계를 그었습니다. 중세유럽을 지배한 것은 '신앙에 의한 구제(salvation by religion)'였으나 17세기 중엽에 그 위력을 상실했으며, 그 빈자리를 메운 것이 18세기의 중엽에 출연한 '사회에 의한 구제(salvation by society)'였습니다. 사회에 의한 구제는 프랑스의 장 자크 루소(Jean-Jacques Rousseau, 1712~1778)가 제창했으나 이제는 모든 것이 끝

볼테르
18세기 프랑스의 작가이자 대표적 계몽사상가다. 생전에는 수많은 비극작품으로 17세기 고전주의의 계승자로 인정되었으나 오늘날에는 『자디그』『캉디드』 등과 같은 간결한 문체의 철학소설과 역사 작품이 더 높은 평가를 받고 있다.

장 자크 루소

성공적으로 혁신을 추진하기 위한 7가지 기회.

나 버렸습니다. 드러커는 지금 세계는 새로운 구세주를 찾고 있으나 마땅한 대안이 없다고 분석하고는 다음과 같은 예측을 했습니다.

"앞으로 세계적으로 다가올 가장 큰 사태는 소련연방의 붕괴입니다. 소련연방의 해체는 소련이 공산주의 국가로 남아 있든 탈공산주의 국가가 되든 간에 이제는 더 이상 초강대국이 될 수 없으며, 미국역시 마찬가지 입장에 놓이게 될 것입니다. 소련연방의 붕괴는 미국으로서 대책을 수립하기 어려운 과제가 될 것입니다."

1991년 실제로 소련은 붕괴했습니다.

정보시대일수록 밖에서 교훈을 얻어라

드러커는 다시금 오늘날 기업이 컴퓨터를 지나치게 활용하는 것을 우려했습니다. 그는 이런 현상이 조금 지나치다고 생각하는 것 같습니다. 드러커는 기술에 도취되어 있는 최고경영자들에게 이런 조언을 하고 있습니다.

"기업에 있어 모든 주요한 변화는 기업 외부로부터 왔었던 것이지 내부로부터 오는 것이 아니다. 컴퓨터는 경영자들로 하여금 지나치게 기업 내부에다 초점을 맞추게 함으로서 상당히 손해를 끼치고 있다. 최고경영자들은 컴퓨터가 제공하는 내부 자료에 너무도 홀려서, 그리고 컴퓨터는 내부자료밖에 제공할 수 없으므로, 대체로 최고경영자들은 외부를 볼 시간도 마음도 없다. 결과는 항상 외부로 드러나는 것인데 말이다."

"나는 점점 더 많은 최고경영자들이 외부 사정에 대해 더욱더 정보가 부족해지는 사실을 보고 있다. 그들은 컴퓨터가 제공하는 자료들이 사실상 정보의 모든 것인 양 믿기 때문이다."

"나는 나의 모든 고객들에게, 매년 몇 주씩 자신들이 하는 사업과는 관련이 없는 곳으로 나가서 시장을 둘러보고, 기술자인 경우 대학의 연구실에도 가 보고 하는 것을 절대로 필요한 사항이라고 말해 주고 있다. 최고경영자가 할 수 있는 최선의 방식은 1년에 두 번씩 2주일간 세일즈맨의 역할을 해 보는 것이다."

이 점에 있어 드러커의 모델은, GM의 유명한 최고경영자 앨프레드 슬론 회장인데, 그는 정기적으로 대리점과 정비소들을 방문했습니다. 드러커는 자신이 글을 쓰기 위해서도 현장의 소리를 직접 듣는다고 했습니다.

"대부분의 경영학도들은 대기업에서 일하는 것에 싫증이 나 있다. 그리고 그들은 몇 년 후 중소규모 회사로 옮기고 있다. 그들이 처음에 대기업을 택하는 단 하나의 이유는 재학 중에 구인활동을 하는 기업들은 대기업뿐이기 때문이다. 나는 과거의 제자들이 무엇을 하는지 알아보기 위해 매년 그들을 만나고 있다. 내가 듣는 바로는 그들은 훨씬 규모가 작은 회사로 옮겨 행복하게 지내고 있었다."

Tip

경영자는 모든 기업에 역동적 활력을 불어넣는 생명력의 원천입니다. 경영자의 리더십이 없이는 '생산요소'는 그대로 자원으로 머물러 있지, 절대로 제품이 되지 않습니다. 경영자는 책상에서 계획을 할 것이 아니라, 판매현장과 생산현장을 직접 돌아보아야 합니다. 군대에서 장교는 명령을 내리고 난 후 부관을 보내 그 명령이 진행되고 있는지 확인하는 것처럼 말입니다.

비영리단체에 대한 관심

1990년 출판한 『비영리단체의 경영』은 박애주의자로서 드러커의 면모를 들여다볼 수 있는 좋은 자료입니다. 말년에 접어들면서 건강이 약해지자 드러커의 관심과 컨설팅의 대상도 기업에서부터 비영리단체로 바뀌어 갔습니다. 비록 그가 기업체 사람들과 어울리기는 했지만, 그는 점점 더 관심을 비영리단체로 돌렸고, 예컨대 미국 걸스카우트의 프랜시스 헤셀바인(Francis Hesselbein) 회장, 캘리포니아 주 레이크 포레스트 새들백 처치(Saddleback Church) 창업목사 릭 워렌(Rick Warren), 온라인 선교기관을 운영하는 밥 버포드(Bob Buford) 등과 자주 어울렸습니다. 프랜시스 헤셀바인은 드러커와의 교제를 이렇게 회고했습니다.

밥 버포드.

"드러커는 우리를 미래로 연결시키고, 미래를 보도록 자극하고, 그리고 미래로 안내한다. 그가 우리에게 보여 준 미래의 비전은 우리를 매료시키고, 또 우리는 그것을 달성하려고 노력하게 된다. 전 세계의 리더들은 '드러커가 우리들을 위해 그러한 일을 했다(He did it just for us)'는 데 공감하고 있다."

2001년 출간 후 무려 2,000만 권 이상 팔린 『목적이 이끄는 삶(The Purpose-Driven Life)』의 저자 릭 워렌이 스승으로 삼는 사람 중 한 사람이 바로 피터 드러커입니다. 그는 드러커로부터 이러한 교훈을 얻었다고 합니다.

교회를 경영하는 사람의 기능은 교회를 한층 더 교회답게 하는 것이지 기업체같이 만드는 게 아니다. 기업은 드러커가 다른 모든 분야의 지도자들에게 영향을 주기 위해 오직 기초로 삼은 출발점에 지나지 않는다. (중략) 그리고 사람들은 자신의 내면만 들여다 보고 있으면, 인생의 의미를 찾지 못한다. (중략) 사람들은 자신들이 해야 할 일이 무엇인지를 알고 있다고 간주하고 대화를 해야 한다. 사람들은 목적에 기초하여(purpose-driven), 다시 말해 사명에 기초하여(mission-driven) 행동해야 한다.

드러커는 비영리단체를 미국 사회의 진정한 성장부문으로 일찍부터 인식했습니다. 1976년 샌프란시스코 아시아 미술관은 재정적으로 궁핍하게 되어 드러커를 이사회의 이사로 선임했는데, 많은 기부자들이 드러커의 비전에 공감하고 기금을 제공하여 부활할 수 있게 되었습니다. 드러커는 이 무렵 비슷한 처지의 미국의 대외구제협회 케어(CARE, Cooperative for American Remittances to Europe)에 대해서도 조언을 했습니다. 과거에는 비영리단체가 미국사회에 미치는 영향은 미미했지만, 지금은 미국사회의 중추적 역할을 하고 있으며 실질적으로 영향력을 발휘하고 있는 존재가 되었습니다.

나는 무엇에 공헌해야 하는가?

사회와 기업에서 노동력 중심이 육체노동자에서 지식근로자로 이동하고 있으며, 따라서 앞으로 모든 조직에서 경쟁력을 확보하기 위한 유일한 방법은 지식근로자의 생산성을 향상시키는 것뿐이라고들 말합니다. 자본주의 사회에서 생산적인 곳에 자본을 배분할 줄 아는 자본가가 그랬던 것처럼, 지식사회에서는 지식을 생산성 있는 곳에 배분할 줄 아는 지식근로자가 경제 및 사회의 주역이 되리란 것이 드러커의 생각입니다.

지식근로자들은 과거에는 한 번도 해 본 적이 없는 질문, 즉 "나는 무엇에 공헌해야만 하는가?"라고 질문하는 법을 배워야만 합니다. 대다수의 사람들은 무엇에 공헌하라고 지시를 받았고, 그리고 그들이 수행할 일은 그 자체가 (농부나 기술공에게 할 일이 정해져 있는 것처럼) 정해 주거나 혹은 주인이 결정해 주었습니다.

이 질문에 대해 대답을 하려면 지식근로자들은 자신들의 강점과 열정이 무엇인지 이해하고 그것들을 융합해야 하고, 그리고 드러커의 근본적인 질문, 즉 "만약 내가 오늘 이 직업을 갖고 있지 않았다면 나는 이 직업을 지금이라도 선택할 것인가? 만약 아니라면, 이 직업을 어떻게 할 것인가?(계속할 것인가 혹은 다른 일을 찾을 것인가?)"를 스스로 반복하여 질문해야만 합니다.

그러면 지식근로자의 생산성을 어떻게 향상시켜야 할까요? 드러커는 지식근로자가 어떻게 생산성을 향상시키기 위해서는 혁신, 리더십, 커뮤니케이션, 의사결정, 인간관계, 시간관리, 목표 달성 능력 등에 관심을 기울여야 한다고 주장합니다. 그리고 그가 가장 강조하는 것은 자기 관리에 대한 스스로의 '책임' 입니다.

스스로를 높은 성과를 올리는 생산적인 사람, 끊임없이 혁신을 꾀하면서 계속 발전하는 사람, 다른 사람에게 영향을 미칠 수 있는 비중 있는 사람으로 만드는 것은 오직 그 자신의 지속적인 자기 관리 노력에 달려 있다는 것입니다. 또한 모든 지식근로자들은 각자의 지식을 활용하여 부가가치를 창출하는 '전문가' 가 되어야 하며, 성과를 올리고 목표를 달성하기 위해서는 자신의 강점에 모든 노력과 재능을 집중시켜야 한다는 점을 강조합니다.

약점을 보완하는 것이 아니라는 말입니다. 약점은 강점을 발휘하는 데 있어 방해물만 되지 않으면 됩니다. 지식사회와 지식근로자에 대해서는 『프로페셔널의 조건』 『변화 리더의 조건』 『이노베이터의 조건』에서 자세히 다루고 있습니다.

피터 드러커의 저서

피터 드러커 지음, 이재규 옮김, 『프로페셔널의 조건』
1960년대 말 지식사회의 도래를 예견하고, 지식사회에서는 지식만이 사회적 지위를 얻고 경제적 성과를 얻을 수 있는 유일한 생산수단이 될 것이라고 주장해 온 피터 드러커가 지식사회에서 각 개인의 자기실현 방법에 대해 들려준다. 즉 나의 강점과 가치관은 무엇인가? 나는 어떻게 성과를 거두고 목표를 달성할 것인가? 나는 인생의 후반부를 어떻게 준비할 것인가? 등에 대한 해답을 제시하고 있다. 지식근로자가 자신이 속한 조직에서 어떻게 일해야 하고, 자기 자신은 어떻게 스스로 관리해야 하는지를 알게 해 주는 지침서.

피터 드러커 지음, 이재규 옮김, 『변화 리더의 조건』
급격한 변화의 시대에서 계속 성장하고 발전하기 위해서는 능동적으로 변화를 이끌어 내고 미래를 창조하는 변화 리더로서의 조건을 갖추어야 한다. 경영학계의 큰 스승으로 존경받고 있는 피터 드러커 교수가 21세기 지식 사회에서 가장 중요한 역할을 하게 될 경영자들의 책임과 역할에 대해 설명하고, 어떻게 변화를 주도해 나가고 혁신 경영을 실천할 수 있는지 구체적인 해법을 제시한다.

피터 드러커 지음, 이재규 옮김, 『이노베이터의 조건』
창조적 변화를 위한 혁신의 조건은 무엇인가? 미래 사회에서 지식인의 책임과 역할은 무엇인가? 21세기 지식사회를 탄생시킨 토대가 되는 20세기의 역사적 추세와 사회적 변혁을 철저히 분석하고 새로운 사회에 있어 개인의 역할과 지위의 변화에 대해 고찰한다. 나아가 지식근로자의 등장과 지식사회의 도래 등에 대한 구체적인 논의를 통해 개인이 각자의 일과 삶을 어떻게 하면 성공적으로 발전시킬 수 있는지에 대한 성찰의 기회를 제공한다.

피터 드러커 지음, 이재규 옮김, 『미래경영』
이미 시작된 미래 사회에는 준비하고 도전하는 자만이 살아남는다. 경영전문가 피터 드러커가 지난 60년 동안 저술한 경영학의 진수들을 망라하여 선별한 경영 입문서. 조직의 경영 방법, 경영과 개인, 그리고 경영과 사회에 관하여 정선된 26편의 핵심 논문을 통해 아무도 예상할 수 없는 미래 사회를 헤쳐나갈 해법을 제공한다.

제 9 장

사회생태학을 논하다

우리는 자주 쓰는 '환경'이라는 말을 생물학 용어로 바꾸면 '생태(ecology)' 입니다.
습지에서 자라는 물고기든, 경영학의 대상인 기업이든,
사회 속의 개인이든 환경과 그 구성원 각각을 연구하는 것은 가능합니다.
하지만 그 구성원은 전체 환경과 서로 의존하는 존재로서 연구해야 합니다.
생물학에서의 생태처럼, 사회적 생태도 마찬가지입니다.
'사회'와 '기업'과 '개인'의 관계 연구는 도달해야 할 결론이 없습니다.
우리는 사회 내 거대한 힘의 중심체계를 연구하지 않으면 안 됩니다.

기능적 사회를 탐구한 사회생태학자

1993년부터 2005년까지 드러커는 사회생태학에 관심을 가졌습니다. 나는 『자본주의 이후의 사회』를 필두로 1995년 『미래의 결단』, 1999년 『21세기 지식경영』, 2002년 미래 사회에 대한 관측을 담은 『넥스트 소사이어티(Managing in the Next Society)』를 번역 출판했는데, 내가 드러커를 만났을 때 그는 자신을 스스로 '사회생태학자(socioecologist)'로 규정했습니다. 더 정확히 말하면 '기능적인 사회'란 어떤 것인지 연구했습니다.

1997년 『아시아에 대한 전망(Drucker on Asia)』, 2002년 『넥스트 소사이어티』, 2003년 『경영의 지배』 등은 기능적인 사회에 초점을 맞추고 있습니다. 1993년 출판된 『생태학적 비전(The Ecological Vision)』은 널리 알려진 책은 아니지만 드러커가 자신을 사회생태학자라고 부르는 이유를 엿볼 수 있는 책입니다.

"나 자신은 경영 관련 저술가로 잘 알려져 있으며, 미국에서는 더더욱 그렇다. 하지만 경영은 나의 최초의 관심사도 아니었을 뿐더러 내가 가장 중요하게 생각하는 주제도 아니다. 내가 경영에 대해 관심을 갖게 된 이유는 그것이 나의 주요 연구대상인 공동체 및 사회

사회적 동물로서 인간 그리고 인간이 만든 각종 조직이 이 세상에서
제 몫을 다하면서 기능을 수행하려면 사회는 어떤 조건을 갖춰야 하는가?

와 밀접한 관계가 있기 때문이다. 실제로 내가 쓴 책들 가운데는 경영(management)에 관한 책보다는 공동체(community), 사회(society), 그리고 정치체제(polity)에 관한 것들이 더 많다."

생물체로서 인간이 이 세상에서 살아가기 위해서는 최소한 맑은 물과 깨끗한 공기가 필요한 것과 같이, "사회적 동물로서 인간, 그리고 인간이 만든 각종 조직이 이 세상에서 제 몫을 다하면서 기능을 수행하려면 사회는 어떤 조건을 갖추어야 하는가?" 하는 것이 드러커의 질문입니다. 그는 그런 사회를 지식근로자에게 지위와 역할을 부여하는 수많은 공동체들, 예컨대 정부, 기업, 학교, 병원, 그리고 각종 사회단체들로 구성된 다원사회라고 규정합니다. 따라서 어떤 형태의 전체주의도, 그리고 어떤 '착하고 유능한 사람' 이 실행하는 독재도 거부하며 "전체주의의 도래를 막는 것은 기업이 경영활동을 통해 인간의 생활수준을 높임으로써 가능하다."고 결론을 내렸습니다.

정말이지 굶주린 사회에서는 독재가 등장하고, 또 대중들은 누군가가 나와서 독재를 해도 좋으니 빈곤만 해결해 달라고 호소합니다. 그래서 포퓰리즘과 독재자와 전체주의가 자연스럽게 등장하게 되는 것입니다. 인간은 완벽하지 못합니다. 완벽하지 못한 인간이 다른 인간을 지배할 수 없다는 것이 드러커의 철학사상입니다. 따라서 인간은 자유롭게 행동하되 그 결과에 대해서는 본인이 책임을 져야 한다고 강조합니다.

지식사회의 지식근로자 모두는 그럴 능력을 갖고 있습니다. 지식사회에서는 누구도 성공할 수 있고 또한 누구도 실패할 가능성이 있습니다. 그것이 바로 지식사회의 역동성입니다. 드러커는 미래를 예측한다거나 어떤 사건의 결과를 예언하기를 거부하는 사람입니다. 드러커는 경영학자이기 전에 법학자였고(프랑크푸르트 대학교에서 법학박사학위를 받았다), 역사학자였으며(독일에서 출판한 소논문은 역사에 관한 것이었다), 정치학자이고(최초의 저서로 인해 미국 정치학회 회원이 되었고 미국 대학에서 정치학을 가르쳤다), 그리고 경제학자였습니다(미제스는 경제학에서 경영학으로 전향한 드러커를 힐난했다).

기업의 사회적 책임

밀턴 프리드먼.

이런 폭넓은 지적 배경을 바탕으로 드러커는 나치즘과 파시즘의 종말, 공산주의의 쇠퇴와 동구의 몰락을 예측했고, 그리고 앞으로 기업과 지식인은 사회적 책임을 져야 한다고 강조했습니다. 어찌 보면 이는 기업이 그 사회적 책임을 다하지 못하면 기업 역시 쇠퇴할 것이라는 예언이기도 합니다. 반면 1976년 노벨경제학상을 수상한 밀턴 프리드먼(Milton Friedman, 1912~2006)의 주장, 즉 "기업의 목적은 오직 기업의 이익이다(Business of business is business)."에 대해서는 미국 기업 임원들 중 16퍼센트만이 동의했습니다.

그리고 드러커는 기업의 효율성 제고, 지식근로자의 생산성 향상, 그리고 근로자 개인의 목표 달성 능력을 제고하기 위한 방법론을 실천적 차원에서 제시했습니다. 그렇게 보면 드러커가 말하는 기업의 사회적 책임 수행과 기업의 목표 달성 능력은 서로 상반되는 느낌을 주기도 하는데, 요컨대 그 차이를 보완하는 것이 바로 비영리단체의 존재 목적이자 지식근로자들이 자원봉사를 해야 하는 이유이기도 합니다.

자본주의 이후의 사회 : 개인자본가가 없는 자본주의

1993년 출판된 『자본주의 이후의 사회』는 20세기 후반 지식인 사회에 큰 화두를 던졌습니다. 이 책에서 다룬 중요한 것 하나가 '자본주의 다음에 올 사회'가 어떤 사회인가 하는 것이었습니다. 수십년 전 만해도 후기 자본주의사회는 마르크스주의사회가 될 것이라고 생각하는 사람들이 많았습니다. 슘페터도 그중 한 사람이었습니다. 오늘날 선진국에 있어 기업에 대한 자본의 제공과 분배는 옛날식의 개인자본가 대신에 연금기금 관리자가 그 역할을 대신 수행하고 있습니다.

연금기금은 수많은 노동자들과 퇴직노동자들이 자신들의 노후를 위해 맡겨 둔 돈입니다. 1992년 미국에서는 연금기금이 미국 대기업들의 전체 주식의 반 이상을 소유하고 있고, 이들 회사의 장기부채의 반을 제공하고 있습니다. 따라서 만약 사회주의를, 마르크스가 정의한 바와 같이 노동자가 생산수단을 공유하는 것으로 정의한다면 선진국 특히 미국은 어느 점으로 보나 최상의 사회주의국가가 된 셈입니다. 프롤레타리아가 없는 공산주의입니다. 그런 한편 미국은 사회주의가 부정하는 시장과 가격 메커니즘으로 운영되는, 누구도 부인할 수 없는 최상의 자본주의 국가입니다.

지식이 주요 생산수단인 지식사회에서는 기존의 두 주요한 생산수단, 즉 노동과 자본의 미래의 기능은 무엇일까라는 질문이 제기됩니다. 이제 노동은 더 이상 사회의 자산이 아닙니다. 오히려 부채 노릇을 합니다. 노동조합은 이에 대해 최후의 응전을 하고 있는 것입니다. 노동자가 집합적으로 자본의 소유자가 된 것과 마찬가지로 우리는 '개인자본가가 없는 자본주의'로 이동했습니다.

비유적으로 말하면 20세기 초 금융계를 좌지우지한 J. P. 모건은 미국 경제의 1할을 좌지우지했습니다. 그러나 지금 빌 게이츠의 총자산은 미국 금융거래액의 단 하루치도 안 됩니다. 이런 사실은 지금까지 모든 사람들에 의해, 비록 '자연 법칙'이라고까지 할 것은 아니지만 자명한 진리라고 간주되던 여러 가지 사실들을 거부합니다. 연금기금은 자본가들의 새로운 후손, 즉 얼굴도 모르고, 이름도 모르는, 월급쟁이들인 연금기금 투자분석가 또는 포트폴리오 관리자들에 의해 운영되고 있습니다. 따라서 지금 미국의 두 사회계급은 '자본가'와 '프롤레타리아'가 아니라 '지식근로자'와 '서비스근로자(service worker)'라고 할 수 있습니다.

산업사회의 육체노동자에서 지식사회의 지식근로자로

지식산업, 지식 노동, 지식근로자 등과 같은 용어들은 겨우 40년 전에 만들어졌습니다. 드러커는 지식이 새로운 핵심 자원으로 그리고 부와 일자리의 창출자로 이동하고 있는 현상에 대해 1950년도 저서 『뉴 소사이어티(The New Society)』에서 처음으로 쓰기 시작했습니다. 그러나 지식사회, 지식경제, 혹은 지식근로자라는 용어는 1957년도 저서 『내일의 이정표(Landmarks of Tomorrow)』에서 사용하기 시작했습니다. 그 뒤, 1969년 『단절의 시대』에서 드러커는 육체작업과 수공업 기술에 기반을 둔 사회, 경제 그리고 정치체제가 지식과 지식근로자에 기초한 사회, 경제 그리고 정치체제로 이동하고 있는 현실의 의미를 탐구하려고 시도했습니다. 그리고 이를 『자본주의 이후의 사회』에서 종합했습니다.

이런 광대한 이동과 변화가 완전히 실현되었다고 하기에는 아직은 이릅니다. 아득한 옛날부터 압도적 다수의 사람들은 생계를 자신들의 손으로 일을 하면서 직접 해결했습니다. 그리고 그 점은 제1차 세계대전에 이르기까지는, 심지어 가장 고도로 발달한 국가에서도 여전히 진실이었습니다.

19세기 내내 그리고 20세기 초 노동자들이 농업용 토지에서부터 공장으로 이동했는데 이런 산업혁명은 전례 없는 사회혁명이자 인간조건의 심각한 변화였습니다. 그런 생각을 한 사람이 결코 카를 마르크스 혼자만은 아니었습니다. 실질적으로 그 이동이 초래한 것은 도구를 노동자의 손에 쥐어 준 것이 아니라 노동자를 도구가 있는 곳(즉, 휴대할 수 없는 새로운 도구인 증기기관이 있는 공장)으로 이동시킨 것이었습니다.

하지만 산업사회에서 작업 그 자체는 거의 변하지 않았습니다. 작업은 여전히 손으로 했으며, 그리고 대부분의 작업은 과거의 것과 동일한 소도구와 숙련을 필요로 했습니다. 1920년이 지나 '대량생산' 방식이 등장하면서 작업과 도구에 있어 겨우 어느 정도 의미 있는 변화가 일어났습니다.

이와는 대조적으로, 지식근로와 지식근로자에로의 이동은 진정한 단절이었고, 진정한 분기점이었습니다. 그리고 그것은 새로운 사회 조건과 새로운 인간조건 둘 다를 창조했습니다. 우리는 이에 적응하는 것은 고사하고, 이제 가까스로 이 변화를 탐구하기 시작했습니다. 예컨대 오늘날 정치 시스템은 어느 나라든 간에 여전히 압도적으로 육체노동자가 다수라는 가정, 그리고 농업 노동력이 압도적으로 다수라는 가정에 기초하고 있습니다. 일본과 프랑스가 가장 심각하고, 또한 미국에서도 여전히 우세합니다. 하지만 지금까지도 농촌인구가 5퍼센트를 넘는 선진국은 하나도 없습니다. 그 반면 지식노동자는 이미 모든 선진국 인구의 반을 넘어서고 있습니다. 1993년 드러커는 모든 선진국 사회가 지식사회로 돌입했음을 『자본주의 이후의 사회』에서 밝혔습니다.

지행합일

1997년 3월 10일자 「포브스」는 로버트 렌즈너(Robert Lenzner) 기자가 '여전히 가장 젊은 마음을 가진 사람 드러커'와의 인터뷰를 '현실을 있는 그대로 인정하라(Seeing things as they really are)'라는 제목으로 게재했습니다.

"주목해야 할 점은 80줄이 넘은 드러커가 시대에 뒤떨어진 사람이 아니라는 것이다. 그의 정신이 50년 전과 마찬가지로 빈틈없고 또 유연한지는 알 수 없다. 그러나 그는, 다른 사람들은 다년간 보지 못하고 또 알아차리지 못할 것들을 보는 능력은 잃어버리지 않은 것

같아 보인다. 고인이 된 지 오래된 해리 트루먼 대통령과 살아 있는 잭 웰치 사이에 닮은 점이 있는가? 이 두 사람은 아마도 알렉시스 토크빌 이후 미국의 현실을 가장 지각적으로 관찰하는 사람(perceptive observer)인 피터 드러커의 존경을 받고 있다는 점이다. 비록 드러커는 나이가 여든일곱이지만 미국에서 가장 생각이 신선한 사람이자, 가장 분명하게 생각하는 사람들 가운데 한 명임이 확실하다."

1999년 아흔 살에 이른 드러커는 수명이 길어진 지식사회의 지식근로자의 모습을 스스로 모범적으로 보여 주었습니다. 즉 지식사회에서 지식근로자가 어떻게 생산성을 향상할 것인가 하는 주제로 『21세기 지식경영』을 발표한 것입니다.

드러커는 말과 행동, 생각과 행동의 일치, 다시 말해 지행합일(知行合一)을 경영자의 중요한 덕목으로 보았습니다. 다음은 렌즈너 기자와 드러커와의 인터뷰 내용입니다.

렌즈너 : 그런데 해리 트루먼과 잭 웰치의 공통점은 무엇입니까?

드러커 : 그들은 희소한 자원을 공유하고 있습니다. 지행합일 혹은 지적 성실성(intellectual integrity) 말입니다.

렌즈너 : 지적 성실성이라고요? 케케묵은 이야기 아닌가요? 그것이야말로 모든 인간이 갖추어야 할 특성을 표현할 때 사용하는 것 아닌가요?

드러커 : 나는 그 말을, 세상을 당신이 원하는 대로 보는 것이 아니라 있는 그대로 보는 능력으로 정의하고 있습니다.

드러커가 지적하는 것은, 트루먼과 웰치 둘 다 그들의 직무를 객관적인 관점에서 수행했다는 점입니다. 그들은 최고경영자는 조직의 주인이 아니라는 점을 이해했습니다. 최고경영자는 조직의 봉사자라는 것입니다. 그들이 선출되었든 지명되었든 간에, 조직이 정부이든 기업이든 병원이든 교회 교구든 간에 말입니다. 최고경영자가 자신의 개인적인 기호, 소망, 선호보다도 조직의 목적 달성을 우선적으로 취급하는 것은 최고경영자의 의무입니다.

렌즈너 : 어떻게 그런 종류의 성실성을 발휘할 수 있을까요?

드러커 : 직무를 맡을 때 다음과 같은 질문을 함으로써 그렇게 할 수 있습니다. 내가 맡은 조직이 가장 절실하게 필요로 하는 것이 무엇입니까? 그리고 그것을 수행하기 위해 내가 해야 할 첫 번째 과제와 의무는 무엇입니까? 요컨대 조직이 당신에게 해 줄 수 있는 것이 무엇인가를 묻지 말라는 것입니다. 조직을 위해 당신이 할 수 있는 것이 무엇인가 하는 것이 중요합니다. 이기적인 표현, 즉 의사결정을 할 때 '나'라는 표현은 삼가야 합니다. 트루먼은 이 점을 잘 알고 있었고, 그것이야말로 그를 위대한 대통령으로 만든 힘입니다.

해리 트루먼은 포츠담회담에서 외교가 최우선 과제라는 사실을 인식하고 귀국했습니다. 그는 처칠과 스탈린에게 압도당했습니다.

처칠과 스탈린은 모두 트루먼과는 비교되지 않을 정도로 외교 문제에 해박했습니다. 따라서 그는 외교 문제를 배울 교육팀을 짰습니다. 트루먼은 조지 마셜 장군을 자주 만났고, 당시 국무차관이던 딘 애치슨과 매일 만났습니다. 트루먼의 경우, 그 당시의 지적 성실성이란 자신이 외교에 대해 도움을 받아야 한다는 사실을 솔직히 인정할 수 있었던 힘을 말합니다.

> 드러커 : 잭 웰치는 젊은 사람으로서 GE의 현실을 관찰했고, 그것을 신중히 검토했습니다. 그는 또한 '자신이 마땅히 해야 할 일이 무엇인가?'라고 질문할 수 있는 역량을 갖고 있었습니다. 다시 말해 '내가 하고 싶은 것은 무엇인가?' 라고 질문하지 않았다는 것입니다.

물론 드러커 자신도 지적 성실성을 갖고 있습니다. 적어도 그의 추종자들은 그렇게 말하고 있습니다. 사람들은 드러커를 신뢰합니다. 잭 웰치는 다음과 같이 자신의 고마움을 표시했습니다.

"1981년에 있었던 일을 회고해 보면, GE의 구조조정에 대한 나의 기본적인 아이디어, 즉 업계의 1,2등이 아닌 경우 처분한다는 것은 피터 드러커로부터 얻었다."

21세기 지식경영

드러커는 수명이 길어진 지식사회의 지식근로자의 모습을 스스로 제시했습니다. 1997년 「포브스」는 여든일곱에 이른 드러커를 표지 인물로 선정하며 '여전히 가장 젊은 마음을 가진 사람(Still the youngest mind)'으로 평가했습니다. 1999년 11월 13일자 「비즈니스위크」는 『21세기 지식경영』을 1999년에 출판된 10대 경영 저서들 중 하나로 선정했습니다. 이 책에서 드러커는 "지금은 커다란 변혁의 시대다. 이 변화는 19세기 중반 제2의 산업혁명이나 제2차 세계대전으로 촉발된 구조적 변화보다 훨씬 더 큰 근본적 변화이기 때문에 자신은 물론 많은 사람들이 혼란을 느끼고 있다."고 말했습니다. 이 책에서 다루고 있는 과제들, 예를 들면 '선진국의 출산율 감소에 따른 문제', '지식근로자의 자기 관리' 등을 해결하기 위해서는 20세기 내내 작동했던 경제 및 경영정책들을 바꾸어야 하며 개인 및 조직의 의식구조를 전환해야 한다고 주장했습니다.

지식사회의 부(富)의 미래

미국 경제가 모든 측면에서 잘 돌아가는 시기에 대해서도 드러커는 몇 가지 진지한 전망을 내놓았습니다. 그는 번영이란 영원히 지속되는 것이 아니라는 것을 우리에게 상기시키면서 이렇게 말했습니다.

"다음번 불경기에는 자신들 스스로 수백만 달러나 되는 급여를 챙긴 대기업의 최고경영자들이 엄청 쓴맛을 볼 것이고 또 비난을 받을 것이다. 미국 역사를 회고해 보면, 주요한 경제 불황기에 욕을 먹는 '악당들'은 그 직전의 호황기에는 '영웅들'이었다. 1880년대 미국의 일반 대중은, 오늘날 우리가 거부(superrich)를 추앙하듯이, 타이쿤(tycoon)을 칭송했다. 그러나 1890년대 불황이 도래하자 그 당시의 타이쿤은 오늘날 우리가 도둑 남작(robber baron)이라고 호칭하는 대상이 되었다. 1920년대 유력 신문들은 월스트리트 증권가의 투자자들을 칭찬했다."

시어도어 루스벨트.

드러커는, 당시 월스트리트를 지배하던 조종자 중 하나였던 내셔 털시티 은행의 총재 찰스 미첼(Charles Mitchell, 1820~1895)이 하는 말을 대중들이 곧이곧대로 따랐고, 또 주식투자의 대가로 불리던 제시 리버모어(Jesse Livermore, 1877~1940)로부터 조언을 듣기 위해 안달이 났던 상황을 언급했습니다. J. P. 모건은 거의 하느님이나 마찬가지였습니다. 그러나 경제가 어려워지고 대공황이 되자 시어도어 루스벨트와 프랭클린 루스벨트 대통령은 그들을 '엄청난 재산을 긁어모은 범죄인'이라고 지탄했습니다. 일부 미디어가 수천 명의 종업원들을 해고한 덕분에 구조조정을 잘했다고 칭송하고 엄청난 보너스를 지급하는 것에 대해 드러커는 매우 못마땅하게 생각했습니다.

프랭클린 루스벨트.

"일차적으로 자신들의 상사에게 한 번도 존경심을 품지 못한 블루칼라로부터가 아니라, 중간관리자와 전문직들로부터 쏟아진 증오심, 경멸 그리고 분노를 심지어 상상하기라도 하는 최고경영자들이 거의 없다. 어떤 형식을 취하는지는 모르겠지만, 그들이 가진 엄청난 부로 인해 야기되는 질투심은 문제를 일으킬 것이다."

이 점은 독자들을 놀라게 할 것입니다. 2008년 미국발 금융위기로 리먼브라더스를 비롯하여 많은 금융기관이 파산했는데, 도산한 대기업의 CEO가 받는 막대한 보수 때문에 더 큰 비난을 받았습니다. 드러커의 통찰이 빗나가지 않은 것입니다. 드러커는 빌 게이츠를 그다지 높이 평가하지 않습니다.

"나는 명사들에 대해서는 별로 관심이 없다. 만약 이 세상의 모든 초거부들이 사라진다 해도 세계 경제는 조금도 달라질 것이 없기 때문이다. 초거부들은 경제와는 별로 관계가 없다."

그러나 부자들이 없으면 누가 경제성장을 위한 자금을 댈 것이고 또 모든 사람들의 생활수준을 높일 수 있을까요? 이에 대해 드러커는 다음과 같이 말합니다.

"소규모 투자자들, 연금기금, 개개인의 퇴직금 등이 통합된 자금이 가장 빠르게 성장하는 자금원이 되고 있다. 가장 중요한 투자자본의 원천은 1구좌 당 1만 달러 규모의 상호부금이다. 투자자금의 소규모화야말로 가장 중요한 경제발전 가운데 하나다."

Tip

1930년대 드러커는 산업혁명에 의해 야기된 커다란 불평등은 엄청난 절망감을 초래하여 전체주의 비슷한 이념이 대두될 수도 있을 것으로 걱정했습니다. 불행히도 그의 염려는 적중했습니다. 드러커는 오늘날 경영자들이 종업원들은 마구잡이로 해고하면서도 정작 자신들은 막대한 소득을 올리는 것은 사회적으로도 도덕적으로도 용서받지 못할 일이라고 역설합니다.

미래 사회

드러커는 2002년 미래 사회의 전망서이자 경영전략서인 『넥스트 소사이어티』에서 다음에 올 사회를 다음과 같이 진단했습니다.

첫째, 경제 문제보다는 사회 문제가 더 중요해집니다. 앞으로 경제와 사회가 어떤 모습일지 정확히 예측할 수는 없지만, 미래를 예상할 수 있는 몇 가지 현상들과 추세는 파악할 수 있습니다. 지난 50년 동안은 경제적인 이슈가 주류를 이루었습니다. 향후 30년 동안은 사회적인 이슈가 크게 주목을 받게 될 것입니다. 우선 다음 사회는 산업구조가 지금 사회와는 다릅니다. 우리는 20세기 내내 지난 1,000년 동안 사회를 지탱했던 부문, 즉 농업이 급격히 쇠퇴하는 것을 보았습니다. 제조업도 같은 경로를 따라가고 있습니다.

제2차 세계대전 이후 제조업 생산품의 가격은 꾸준히 하락했으며, 그 반면 주요 지식 제품은 인플레를 감안하더라도 3배나 증가했습니다. 제조업 근로자들의 수가 적으면 적을수록, 정치적으로 한층 더 단결하여 영향력을 발휘하고 있습니다. 블루칼라 노동자들은 임금만 줄어든 것이 아니라 그들에게 한층 더 중요한 사회적 지위를 상실하고 있습니다. 세계화 반대자들은 일자리를 빼앗아 가는 것을 의미하는 세계화를 반대하고 있는 것입니다.

둘째, 다음 사회는 인구구조가 지금과는 매우 다를 것이고, 지식 근로자가 노동력 가운데 지배적 집단이 될 것입니다. 노인인구는 급속도로 증가하고, 반대로 젊은 인구는 급감합니다. 따라서 어느 선진국이든 예외 없이 가장 빨리 성장하는 산업은 이미 교육을 많이

지식근로자의
등장

경제 문제보다는
사회 문제가 더
중요해진다

국경이 없는 사회
계급 간 격차가
없는 사회

받은 성인들에 대한 계속교육 산업이 될 것입니다. 인구변화의 결과, 이민은 분명 한층 더 뜨거운 이슈가 되었습니다. 그러므로 앞으로 세계는 노인들과 함께 사는 법, 그리고 필요는 하지만 받아들이고 싶지 않은 이민 문제를 해결하는 법을 배워야 합니다.

셋째, 21세기 지식사회의 주요 특성들은 다음과 같을 것입니다. 국경이 없습니다. 왜냐하면 지식은 돈보다 훨씬 더 쉽사리 돌아다니기 때문입니다. 상승 이동이 쉬워집니다. 누구나 손쉽게 정규 교육을 받을 수 있기 때문입니다. 성공뿐만 아니라 실패할 가능성도 높습니다.

넷째, 집합적으로 볼 때 지식근로자들은 새로운 자본가들입니다. 그들은 연금기금 또는 투자신탁기금의 투자 지분을 통해 많은 대기업들의 주주가 되었습니다.

다섯째, 지식근로자들은 자신들의 서비스를 구입하고 있는 고용주들과 동등한 사람으로, 다시 말해 스스로를 '종업원'이 아니라 '전문가'로 인식하고 있습니다. 지식사회는 상사와 부하의 사회가 아니라 고참자와 신참자로 구성된 사회입니다.

이런 가정하에, 드러커는 두 가지 질문을 던졌습니다.

1. 다음 사회를 대비하기 위해 지금 경영자들이 해야만 하는 것은 무엇인가?
2. 아직은 우리가 알지 못하고 있지만, 분명 앞으로 다가올 다른 큰 변화들은 무엇인가?

위의 질문에 대해 드러커는 다섯 가지 기본적 명제들을 제시했습니다.

1. 생산수단은 지식이고, 그것은 지식근로자들이 소유하고 있으며, 또 쉽사리 휴대할 수 있다. 바로 이 점이 지식근로자를 동등한 동반자 혹은 파트너로 만들어 준다.

2. 조직에 근무하는 사람들 가운데 점점 더 많은 사람들이 전일제 근무 종업원들이 아니라 시간제, 임시직, 컨설턴트, 혹은 용역 계약자로서 근무할 것이고, 그들은 자신들이 일하는 조직의 종업원들이 아니라, 예컨대 인력파견회사의 종업원들일 것이다.

3. 거래비용(커뮤니케이션 비용)이 격감하고 있다. 기업이 최대한의 통합을 추구해야 한다는 명제는 지금 거의 완벽하게 파기되었다. 한 기업이 주요한 과업을 모두 수행하기에 충분할 정도로 많은 지식을 보유하는 것 역시 어려워지고 있다.

4. 오늘날 고객은 정보를 갖고 있다. 정보를 갖고 있는 사람은 그 누구든 권력을 갖고 있다. 따라서 권력은 고객에게로 이동하고 있다. 그것은 제조업체가 판매자로서의 역할을 마감하고 그 대신 고객을 위한 구매 대행자가 될 것이라는 것을 의미한다.

5. 이제는 특정 산업에 고유한 기술들이란 별로 없다. 어떤 산업에 필요한 지식은 그 산업에 종사하는 사람들이 익숙하지 않은 전혀 다른 몇몇 기술로부터 나온다.

여러분이 지금 하는 일 가운데 가장 핵심적인 활동이 무엇인지 파악하세요. 마찬가지로 여러분의 인생에서도 말입니다. 또한 그런 활동을 수행할 때 결과적으로 성취하기를 '기대하는' 것을 기록해 두세요. 6개월 혹은 1년이 지난 후, 여러분이 기대한 것과 실제로 성취한 것을 비교해 보세요.

브라이언 간호사의 규칙

어느 병원에 새로 부임한 병원장은, 첫 번째 간부 회의를 주재하던 중 까다로운 문제에 부딪혔는데 참석자들 모두가 비교적 만족하는 선에서 해결되었습니다. 바로 그때 한 참석자가 불쑥 말했습니다.

"이것에 대해 브라이언 간호사도 만족했을까요?"

즉각 다시 논쟁이 벌어지기 시작하더니 그 문제에 대해 새롭고도 한층 더 야심찬 해결책이 도출되어 병원장이 의사봉을 두들길 때까지 토의는 그치지 않았습니다. 병원장이 나중에 안 사실이지만, 브라이언 간호사는 이미 은퇴한 간호사였습니다. 그녀는 특별히 뛰어난 간호사도 아니었고, 사실 감독 직위에 오른 일도 없었습니다. 그러나 그녀는 담당 병동에서 환자 간호에 대한 새로운 결정을 내릴 일이 생길 때마다 다음과 같이 질문했습니다.

"우리는 이 환자를 간호하는 데 있어 우리가 할 수 있는 최선을 다하고 있습니까?"

브라이언 간호사가 근무하는 병동의 환자들은 더 잘 지냈고 회복도 더 빨랐습니다. 차츰 세월이 흐르면서, 병원 전체가 '브라이언 간호사의 규칙'을 채택했습니다.

"우리는 이 병원의 목적에 적합한 최선의 공헌을 하고 있는가?"

Tip

공헌에 몰입한다는 것은 목표 달성에 대한 책임을 진다고 약속하는 것입니다. 이 약속 없이는, 사람은 자신을 속이는 것이고, 조직을 쇠퇴시키고, 그리고 함께 일하는 사람들을 기만하는 셈입니다.

솔로몬의 재판

지식근로자가 실패하는 가장 일반적인 원인은 새로운 지위가 요구하는 바에 따라 스스로 변신하는 능력의 부족 또는 의지의 결여 때문입니다. 현재의 자리로 옮기기 전의 직위에서 성공적으로 해 왔던 방식과 똑같은 방식으로 일을 계속하는 지식근로자는 거의 실패하기 마련입니다. 왜냐하면 세상에는 두 가지 다른 종류의 타협이 있기 때문입니다.

하나는 "빵 반쪽이라도 없는 것보다는 낫다."라는 종류의 타협이고, 다른 하나는, '솔로몬의 재판'에서 나오는 이야기처럼 "반쪽 아이는 아예 없는 것보다 더 나쁘다."라는 사실을 분명히 인식하는 데서 출발하는 타협입니다.

전자의 경우, 필요조건은 여전히 충족됩니다. 빵의 목적은 음식을 제공하는 것인데, 반쪽 빵이라도 음식이긴 하니까 말입니다. 그러나 반쪽 아이는 반쪽 인생도 아니고 앞으로 어른으로 자랄 아이도 아님니다. 궁극적으로 우리는 언제나 타협을 해야 한다는 바로 그 이유 때문에, 무엇이 올바른 것인지부터 판단해야 합니다.

2000년 2월 28일 세계의 주요 언론들은 "세계 경영학계의 대부 피터 드러커 교수가 고국 오스트리아가 주는 명예박사학위를 거부 했다."는 소제목의 기사를 띄웠습니다. 그리고 다음과 같이 드러커 의 말을 인용했습니다.

"빈 경제대학의 관계자가 캘리포니아 클레어몬트로 와서 본인에 게 명예박사학위를 주기로 한 결정에 진심으로 감사한다. 그러나 유 감스럽게도 본인은 이 제의를 받아들일 수 없다. 현 시점에서 이렇 게 할 수밖에 없는 본인의 심정을 고국 오스트리아 정부에 대한 정 치적 항의 제스처로 이해해 주길 바란다."

2000년 2월 4일 오스트리아는 국제사회의 우려와 반발에도 불구 하고 나치즘 성향을 지닌 극우 연립정부가 출범, 국제사회에 파문을 일으켰습니다. 유럽 신나치(Neo Nazi) 세력의 대표주자 외르크 하 이더가 이끄는 자유당과 볼프강 쉐셀 당수의 인민당이 오스트리아 집권 연정을 구성했기 때문입니다. 하이더는 뿌리부터 나치였습니 다. 빈 경제대학의 그런 호의는 아마도 드러커로 하여금 67년 전 그 악몽을 되살리게 했을 것입니다.

기업은 어떻게 살아남을 것인가?

물론 그럭저럭 살아남을 것입니다. 그러나 미래에는 모든 기업들이 채택해야 할 하나의 단일 모델 대신에, 선택 가능한 다양한 모델들이 존재할 것입니다. 슘페터의 명제인 '역동적 불균형'과 '창조적 파괴', 그리고 경제적 변화 중 신기술에 대해 관심이 크게 증가하고 있는데, 그것은 지금까지의 경제이론과는 정면으로 배치됩니다.

최고경영자의 모델도 마찬가지로 단 하나가 아니라 다양한 모델들이 등장할 것입니다. 지난 20년 동안, 대기업 경영의 성공은 모든 찬사를 독차지했습니다. 그것이 바로 GE의 잭 웰치, 인텔의 앤드루 그로버 등과 같은 '슈퍼맨 CEO'가 각광을 받은 이유입니다. 하지만 기업은 자사를 경영해 줄 슈퍼맨을 외부에서 찾고만 있을 수가 없습니다. 슈퍼맨의 공급은 예측 불가능하고 또한 매우 한정되어 있습니다. 오늘날 대규모 조직의 우두머리 자리는 천재가 차지해야 한다는 것이야말로 최고경영자가 위기에 빠져 있다는 것을 여실히 증명하는 것입니다.

앞으로 CEO의 직무는 매우 복잡한 조직인 오페라단을 운영하는 일과 많이 닮을 것 같습니다. 스타에 해당하는 주역급 가수들에게는 오페라단장이 명령을 내릴 수가 없습니다. 스타급 가수들은 출연해 주기만 해도 감지덕지인 형편이니 말입니다. 조연급 가수들이 있고, 반주를 맡는 오케스트라가 있고, 그리고 무대 뒤에서 일하는 사람들도 있습니다. 게다가 청중들도 있습니다. 각 집단은 전혀 성격이 다릅니다. 그러나 오케스트라 지휘자는 악보를 갖고 있고, 연주자들도 같은 악보를 갖고 있습니다. 오페라단 경영을 맡고 있는 CEO는 각각의 집단들이 결과를 생산하는 일에 집중하도록 해야만 합니다. 이 점이 바로 미래의 CEO의 직무를 이해하기 위한 핵심입니다.

혁신한다는 것은 자신들을 재창조하는 것을 의미합니다. 오늘날 대기업들은 전략적 제휴와 합작투자를 통해 성장하고 있습니다. 그러나 대기업들은 명령을 내리는 일에 익숙해 있고, 파트너들과 협력하는 일에는 익숙하지 않습니다. 전략적 제휴 또는 합작투자의 경우, 다음과 같은 질문부터 하지 않으면 안 됩니다.

"우리의 파트너들은 무엇을 원하는가? 우리들의 공유가치와 공유목적은 무엇인가?"

지식에 기초한 기업들은 지식근로자가 매력을 느끼고 머무르도록 동기를 부여하면서 경영해야 합니다. 그것은 지식근로자들의 물질적 야망을 만족시킴으로써 달성할 수 있는 것이 아니라, 그들의 가치관을 만족시켜 주고, 사회적 영향력을 제공함으로써 달성되어야만 합니다. 또한 그들을 부하가 아니라 동료 경영자로서, 즉 '피고용자(employee)'가 아니라 '파트너(partner)'로서의 자격을 인정함으로써 달성되어야만 합니다.

이런 모든 것을 감안할 때 가장 큰 변화들은 아직도 우리들 앞에 그 증후를 나타내지 않고 있음이 거의 확실합니다. 또한 우리는 2030년의 사회가 오늘날의 사회와는 매우 다를 것이고, 그리고 유수의 미래학자들이 예측한 것과는 거의 닮은 점이 없을 것이라는 점도 확신할 수 있습니다. 그것은 정보기술에 의해 지배를 받지 않을 뿐만 아니라 심지어 정보기술에 의해 그 모습이 결정되지도 않을 것입니다. 정보기술은 중요하지만, 그러나 그것은 다만 몇몇 중요한 새로운 기술들 가운데 하나일 뿐입니다. 다음 사회의 중심적인 특징들은 그 전의 새로운 사회들과 마찬가지로 새로운 기관들, 새로운 이론들, 이데올로기, 그리고 새로운 문제들로 구성될 것입니다. 기업의 미래에 대해서는 『넥스트 소사이어티』『미래기업』등에 자세히 나와 있습니다.

피터 드러커의 저서

피터 드러커 지음, 이재규 옮김, 『**넥스트 소사이어티**』
우리 앞에 다가온 성공의 문을 어떻게 열 것인가?
변화에 대해 우리는 무엇을 어떻게 준비할 것인가?
'넥스트 소사이어티'를 통해 정보사회, 비즈니스 기회의 사회 등 다음 사회의 모습을 구체적으로 조망한 책이다.

경영은 삶의 수준을 높이는 일이다

2001년 구세군은 드러커가 비영리부문의 적극적인 역할을 널리 확산하는 데 크게 기여한 공로를 인정하여, 구세군이 민간인에게 수여하는 최고 영예인 에반젤린 부스 상(Evangeline Booth Award)을 수여했습니다. 드러커는 수상식에서 이렇게 말했습니다.

"내가 구세군보다도 더 감탄하거나 혹은 존경하는 조직은 없다. 구세군은 항상 나의 스승이자 지도자였다."

드러커는 2002년 봄학기에 교수로서 마지막 강의를 했는데, 그가 맡은 여러 강좌들은 클레어몬트 대학원대학교가 개설하는 강좌 중에서 언제나 가장 많은 학생들이 청강했습니다. 그리고 같은 해 「비즈니스위크」는 드러커를 '우리 시대 경영사상가로서 가장 지속적인 영향을 미치고 있는 사람'으로 찬사를 보냈습니다.

2002년 드러커는 경영학 분야에 끼친 공로를 인정받아 조지 W. 부시 대통령으로부터 대통령 자유메달(Presidential Medal of

Freedom)을 수여받았습니다. 하이에크와 드러커는 10년 차이인데 드러커는 이 메달도 10년 차이로 받았습니다.

2002년 12월 24일, 경영학의 태두 피터 드러커가 그의 찬란한 업적에도 불구하고 일반 대중에게는 널리 알려져 있지 않은 사실을 아쉽게 여긴 CNBC는 〈피터 드러커의 지적 여행〉이라는 제목으로 프로그램을 편성해

피터 드러커가 조지 W. 부시 전 대통령으로부터 자유메달을 받고 있다.

1시간가량 방영했고, 2003년 3일까지 네 차례 더 방송했습니다.

"콜럼버스는 아메리카를 발견했고 드러커는 경영학을 태동시켰다."라는 말로 시작된 이 프로그램은 드러커의 개인적 일생과 학문적 업적을 오가며 그의 사회사상, 정치사상, 그리고 경영사상을 심층적으로 다루었습니다. 드러커는 근로자를 비용이 아닌 자원으로 취급한 최초의 경영학자일 뿐만 아니라 "고객 없이는 사업도 없다.", 즉 기업의 목적은 고객 창조라는 대명제를 통해 마케팅 분야에서도 신지평을 열었다는 사실도 밝혔습니다. 그리고 잭 웰치 전 GE 회장이 '1,2등 경영철학'의 영감을 심어 준 사람이 바로 드러커라고 증언하는 인터뷰를 삽입하여 일반 시청자들을 배려한 점이 돋보이기도 했습니다.

「비즈니스위크」 2005년 11월 28일자에 피터 드러커 기사가 커버를 장식했다.

가장 영향력 있는 세기의 경영사상가

스튜어트 크레이너와 데스 디어러브(Des Dearlove)가 운영하는 선톱 미디어(Suntop Media)가 격년으로 선정하는 '세계에서 가장 중요하고 영향력 있는 경영사상가 50(The world's most important and influential business thinkers 50)'에서 드러커는 2001년, 2003년 연속으로 1위를 차지했습니다. 선정 기준은 아이디어의 독창성, 아이디어의 실현 가능성, 아이디어의 제시 능력, 아이디어를 문서상으로 표현하는 능력, 추종자의 충성도, 기업 감각, 아이디어가 포함하는 국제적 시야, 연구 역량, 아이디어가 미치는 영향력, 스승으로서의 역할 등이었습니다.

2003년 미국경영협회(AMA)는 드러커에게 리더십 비저너리 상(Leadership Visionary Award)을 수여했습니다. AMA의 회장 에드워드 라일리는 상을 수여하면서 이렇게 치하했습니다.

"사실상 경영의 모든 영역 혹은 기업의 모든 활동 분야는 드러커의 예리한 지각, 그의 끝없는 호기심과 유머, 그리고 위트와 정력에 힘입어 확대되었고 또한 개선되었습니다. 드러커의 연구분야의 범위는 놀랍고, 그의 아이디어가 준 충격은 크기를 따질 수가 없으며, 그의 영향은 너무나 엄청나서 모든 영역에 스며들고 있습니다. 거의 80년에 가까운 드러커의 특별한 연구경력 동안 그가 쓰지 않은 분야를 기업의 리더가 쓰거나 생각하거나 혹은 부딪히는 분야는 없을 정도입니다."

상을 대신 받은 도리스 여사는 드러커가 준비한 답사를 발표했습니다.

"나는 미국뿐만 아니라 유럽에서도, 라틴 아메리카에서도 그리고 극동에서도, 경영역량의 수준과 경영의 책임을 끌어올리는 데 다른 어떤 기관보다도 더 큰 역할을 한 기관으로부터 이 훌륭한 영예를 받게 되어 감격해 마지않으며 매우 큰 행복을 느낍니다. 그러나 나는 또한 이 상을 내가 AMA와 가진 오랜 그리고 가까운 관계를 확인하는 귀한 증표로서 이 놀라운 영예를 대단히 기쁘게 받아들입니다."

공을 나눌 줄 아는 선견력

1987년 클레어몬트 대학원대학교는 그간 드러커의 공적을 기리기 위해 클레어몬트 대학원대학교의 경영대학원의 명칭을 피터 드러커 경영대학원으로 바꾸었습니다. 2004년 1월 클레어몬트 대학원대학교는 드러커의 일본인 기업가 친구인 마사토시 이토(Masatoshi Ito, 伊藤雅俊, 1924~ , 일본의 백화점 이토요카도와 편의점 세븐일레븐의 소유주)의 이름을 피터 드러커 경영대학원에 추가하여 마침내 드러커의 소망이 이루어졌습니다. 드러커는 자신의 이름만 딴 본 대학원의 명칭에 본 대학원에 2,000만 달러라는 큰 기부를 한 사람의 이름을 포함시키기를 오래전부터 희구했었습니다. 본 대학원의 명칭이 '피터 드러커 경영대학원'에서 '피터 F. 드러커 앤 마사토시 이토 경영대학원(Peter F. Drucker and Masatoshi Ito Graduate School of Management)'이라는 긴 이름으로 바뀐 것은 그런 연유입니다.

마사토시 이토.

대학원의 명칭을 바꿀 때 학생들은 반대했고, 심지어 일본인 이름을 따왔다고 항의 플래카드를 들고 학장 사무실로 쳐들어가기도 했습니다. 그때 와병중이었던 드러커는 대학원은 잠재적 기부자들로부터 기부금을 유치하는 데 어려움을 겪고 있다는 것을 알고는 스스로 나서서 학생들을 상대로 설득했습니다.

"나는, 내가 죽고 나서 3년 후가 되면 나의 이름은 전혀 도움이 안될 것으로 확신합니다. 교명에서 내 이름을 빼내는 조건으로 1,000만 달러를 얻을 수 있다면, 그렇게 해도 좋습니다."

2004년 초「포브스」는 인터뷰에서 드러커에게 이런 질문을 했습니다.

"선생님의 긴 인생경력 중에 하고 싶었지만 하지 못했던 일이 있었습니까?"

드러커는 이렇게 대답했습니다.

"많았어요. 과거 내가 쓴 책들보다도 더 나은 책들을 쓰고 싶었는데…… 나의 최고의 책은 어쩌면 『무지의 관리(Managing Ignorance)』이었을 터인데, 결국 쓰지 못했어요."

2005년 가을「하버드 비즈니스 리뷰」는 2005년도 동 잡지에 기고한 논문들 가운데 드러커의 2004년도 논문「목표를 달성하는 최고경영자의 조건(What makes an effective executive)」을 최우수 경영논문으로 선정하고 맥킨지 상(McKinsey Award)을 수여했습니다. 드러커는 맥킨지 상을 일곱 번이나 수상했습니다.

미켈란젤로와 드러커

나는 2001년 『피터 드러커 평전』에서 드러커를 미켈란젤로의 삶과 비교한 적이 있습니다. 미켈란젤로(Michelangelo Buonarroti, 1475~1564)는 돌이나 나무 등 조각의 소재 속에 갇혀 있는 이념이 예술가에 의해 해방되기를 기다린다고 생각했습니다. 자연에 존재하는 소재에서부터 쓸데없고 조잡하고 우연적인 요소를 없애는 것이 자신의 할 일이라고 판단했습니다. 따라서 미켈란젤로는 조각의 소재 속에서 어떤 이미지를 발견하면 곧바로 그것을 밖으로 끌어내려 했습니다. 정말이지 돌 속에 반쯤 형체가 드러난 조각들, 예컨대 일명 '아틀라스'로 불리는 조각 '노예'나 '성 마테오'를 보면 그들은 미켈란젤로를 보고 자신을 끝까지 꺼내 달라고 외치는 것 같습니다. 왜 그렇게 맹렬한 기세로 조각하는지 묻는 사람에게 미켈란젤로는 이렇게 대답했습니다.

"돌 속에 사람이 갇혀 있다. 빨리 꺼내 주지 않으면 질식해서 죽어 버린다."

89세를 한 달 앞두고 거의 죽음에 임박한 미켈란젤로에게 의사가 "휴식은 모든 것을 치유합니다."라고 말하면서 좀 쉬라고 하자 그는 즉각 대꾸했습니다.

"재촉하지 말아요. 나는 끌과 망치로 흰 대리석을 조각하는 일이 제일 좋아요. 죽으면 영원히 쉴 텐데."

2001년 말 나는 아흔둘에 이른 드러커에게 외람된 질문을 한 적이 있습니다.

"박사님의 친구들은 대부분 은퇴하셨는데, 박사님은 언제 은퇴하실 생각입니까?"

그러자 드러커는 각운을 맞추어 대답했습니다.

"나는 은퇴할 욕심이 없습니다(I have no desire to retire)."

"박사님 자신은 어떻게 기억되기를 바랍니까?"

"몇몇 사람들이 자신들의 목표를 달성할 수 있도록 도와준 사람이지요(I want to be remembered for the man who helped several people to achieve their goals)."

미켈란젤로와 마찬가지로 드러커는 지금까지 낭비되고 또 비생산적인 곳에 투입된 자원들이 자신을 보다 생산적인 곳에 투입해 달라고 소리치며 끄집어내 달라는 소리를 들었던 것입니다.

프로페셔널의 조건

2001년 드러커는 자신의 저서와 논문을 정리하여 『드러커 에센셜』이라는 제목으로, 개인을 주제로 한 『프로페셔널의 조건』, 기업을 주제로 한 『변화리더의 조건』, 사회를 주제로 한 『이노베이터의 조건』을 펴냈습니다. 『프로페셔널의 조건』의 한국어판 출간을 기념하는 드러커의 서문은 한국인에게 중요한 메시지를 담고 있습니다.

인류 역사상, 1950년대 초 한국전쟁 이후 25년이라는 짧은 기간 내에 한국이 이룩한 사회적 변혁보다 더 훌륭한 성공사례는 없습니다. 제2차 세계대전 이후 어떤 국가도, 러시아도, 일본도, 독일도 한국전쟁 이후의 한국만큼이나 철저히 파괴된 적이 없었습니다. 그로부터 25년 후, 새롭고도 완전히 현대화된 한국이 등장했습니다. 빌딩이 숲을 이루고, 거대한 조선소가 건설되고, 공장에는 활기가 넘치고, 그리고 대규모 대학이 설립되고, 고속도로가 거미줄처럼 생기고, 대규모 국제공항도 들어섰습니다. 내가 알기로는 1950년대 초 한국전쟁이 발발했을 때, 한국은, 특히 남한은 매우 조용한 시골이었고 농업에만 치중하고 있었습니다. 그로부터 25년 후, 한국은 도시화되었고, 농촌 인구는 매우 적으며 또한 계속 감소하고 있었습니다. 그리고 한국의 제조업자들은 제철산업과 조선업 등에서 세계적인 지위를 확보했고, 동 업계에서 세계의 지도자 노릇을 하게 되었습니다. 25년이라는 짧은 기간 동안 한국은 황폐한 제3세계 국가에서 충분히 개발된 세계수준의 경제국가로 자신을 스스로 변모시켰습니다.

이런 전환의 속도는 어느 측면으로 보나 전례가 없었고 또한 매우 극적이었습니다. 왜냐하면 한국은 25년 만에, 프랑스가 200년 동안에, 미국이 125년 만에, 그리고 일본이 75년 만에 달성한 것을 달성했기 때문입니다. 그러나 가장 중요한 것은, 또한 그것은 간과되고 있는 것이기도 한데, 한국이 성취한 것은 '한국의 인적 자원'을 질적으로 혁신했다는 점입니다. 1950년의 한국 사람들은 문맹자는 아니었으나 교육받은 것은 아닙니다. 사실, 일본은 한국을 강점하는 동안 다른 것은 제쳐 두고라도 한국의 고등교육을 특히 과학, 기술, 그리고 직업교육을 말살했습니다. 의학은 예외로 하고 말입니다. 25년 후 한국은 교육수준과 성취수준이 높은 전문가와 경영자를 포함한, 지식근로자를 비례적으로 말해 가장 큰 규모로 양성했습니다.

이 책의 목적은 성취 지향적인 한국의 전문가와 경영자, 그리고 전문가와 경영자가 되기 위해 배우는 한국의 학생을 위한 것입니다. 왜냐하면 한국의 내일은 그런 전문가와 경영자가 창조할 것이기 때문입니다.

우리는 아직까지는 다음에 올 경제와 사회의 모습이 어떨는지 확실하게 말할 수는 없지만, 그것에 대해 이미 우리는 상당히 많은 부분을 말할 수 있습니다. 그것도 꽤 높은 확률적 근거를 가지고서 말입니다.

첫째, 지금부터 10년 또는 15년 후, 경제와 사회 모두 오늘날의 그것과는 전적으로 다를 것이 분명합니다만, 그러나 오늘날 소위 '미래학자들'이 예언하는 것과도 또한 다를 것입니다.

둘째, 기업 역시 매우 다를 것입니다. 그 이유는 정보가 이미 세상의 모든 사람에게 공개되고 있으므로, 어떤 기업도 그리고 어떤 지역도 지구적 차원에서 경쟁력을 확보해야 하기 때문입니다. 비록 대상 시장이 완전히 지역 내라 하더라도 말입니다.

셋째, 기업의 목적은 기업 그 자체가 달라지는 것보다 한층 더 달라질 것입니다. 우리가 지금 알고 있는 바와 마찬가지로 기업은 근본적으로 변신하게 될 것입니다. 기업은 빠른 속도로 진부하게 된다는 말입니다.

넷째, 생산활동은 전 세계적으로 지속적으로 늘어날 것으로 보입니다만, 전 세계적으로 생산분야의 고용인력은 급속히 줄어들 것입니다. 절대적인 노동력의 숫자뿐만 아니라 비율적으로도 그렇습니다. 이런 사태 변화는 이미 돌이킬 수 없게 되었습니다. 그것은 제2차 세계대전 후 50년 동안 농부를 절대적인 숫자에 있어서나, 전체 노동력 가운데 차지하는 비율에 있어서나 모두 감소시킨 사회발전과 같습니다. 공산품에 대한 구매력은, 특히 건강관리와 교육수요와 같은 지식에 기초한 재화의 가격과 원가와 비교하면, 앞으로도 계속적으로 감소할 것입니다. 한국의 공산품에 대한 구매력은 50년 전 한국이 성장하기 시작할 무렵의 그것과 비교하면 벌써 4분의 1에도 미치지 못하고 있습니다.

다섯째, 지식근로자는 모든 선진국의 노동력 가운데 이미 수적으로는 가장 규모가 큰 단일 집단이 되어 가고 있으며, 또한 노동력 가운데 급료수준이 가장 높은 부류입니다. 그러므로 어떤 국가의, 어떤 산업의, 그리고 어떤 기업의 경쟁력 지위는 지식근로자의 생산성(아직도 한참 낮은데)을 향상하는 데에 한층 더 의존하게 될 것입니다.

한국에 관한 한, 우리는 다른 나라와는 다른 그리고 한국에만 해당하는 것 한 가지를 확실히 말할 수 있습니다. 정치형태야 어떻게 되든 간에, 북한의 경제와 사회의 재창조 및 재건은 남한이 당면한 긴박하고도 피할 수 없는 도전이 될 것이라는 점입니다. 이런 도전은 이미 현실입니다. 그리고 이런 도전은 어떤 도전보다도 '경영자'와 '경영'이 해결해야 할 것들입니다. 정부는 기껏 도와줄 수 있을 뿐이고 자칫하면 방해가 될 수도 있습니다. 그러므로 경영자와 경영만이 이 새로운 요구에 해결책과 답을 제공할 수 있습니다. 한국의 교육받은 사람들, 그리고 한국의 경영자와 전문가들이 당면한 이 도전은 모두 현실입니다. 그것은 또한 오늘날 한국의 학생들이 부딪히게 될 내일의 도전입니다.

타계 소식

2005년 11월 11일 세계 주요 언론은 96세의 생일을 일주일 앞두고 사망한 피터 드러커의 타계 소식을 전하면서 안타까운 추도의 글을 전했습니다.

"드러커는 현대기업 경영방식의 형성에 크게 기여한 기업경영의 선각자였고, 기업사회의 창조자였다."
– 「AFP」

"사회 및 경영이론의 선구자 피터 드러커, 95세로 서거하다."
– 「뉴욕타임스」

"경영학을 발명한 사람. 왜 피터 드러커의 아이디어는 아직도 중요한가?"

－「비즈니스위크」

"2005년 11월 17일 드러커가 타계하기 전에 1,000명 이상의 고위 경영자들을 대상으로 실시한 조사에서 드러커가 세계에서 가장 존경받는 사상가 겸 경영 저술가로 인정받았는데, 이는 11월 11일 95세로 서거한 피터 드러커에게 바치는 가장 적절한 헌사였다."

피터 드러커의 추도식에서 손녀와 함께 책을 읽는 모습이 영상으로 소개되고 있다.

－「파이낸셜 타임스」

Tip

쇠약해진다는 것은 얼마나 멀리 여행했는지 알려 주는 시계와 같습니다. 죽는 것은 노인의 책임은 아닙니다. 인간은 어차피 죽지만 죽으려고 태어난 것은 아닙니다. 그러나 결국 헤매다가 어디에서 죽는지도 모르고 죽게 되지만 말입니다. 삶의 활력을 모두 소진시킨 것은 노인의 육체가 아니라 젊은 육체이기 때문입니다. 시간에 따른 소멸은 아름다운 과정입니다. 여러분은 지금까지 피터 드러커라는 한 인간의 멋진 소멸 과정을 추적해 보았습니다.

경영은 삶의 수준을 높이는 일

드러커는 인간의 행복이란 물질적 소비수준의 향상을 배제할 수 없다고 생각했습니다. 『경제인의 종말』에서 기술한 것과 같이, 전체주의국가는 빈곤을 틈타 등장한다는 것을 드러커는 누구보다도 일찍 간파했습니다. 그래서 드러커는 이론 위주의 경제학자에서부터 재화와 서비스의 증대 방법을 추구하는 경영학자로 변신했고, 현대 경영학의 체계를 수립했습니다. 『경영의 실제』에서는 경영의 목표를 수립하는 방법을, 『창조하는 경영자』에서는 목표를 달성할 수 있는 방법과 자원을 배분하는 방법을, 『자기경영노트』에서는 자원과 시간을 효율적으로 이용하는 방법을, 『기업가정신』에서는 더 이상 생산적이지 않은 것들을 폐기하고, 끊임없이 혁신하는 방법들을 제시했습니다.

『21세기 지식경영』에서는 지식이 중심적인 생산요소가 된 지식사회에서의 경영을 논했습니다. 진정 드러커는 자신의 사상이 보다 널리 전파되고 사회가 경제적으로 번영하고 또 기능적인 사회가 되기를 바랐습니다.

20세기 지식르네상스인 드러커는 떠났지만 그의 아이디어는 세계 여러 곳에서 계속 확산될 것입니다. 경영이란 근육과 육체 대신에 지식을 활용하고, 상식과 미신을 과학으로 대체하고, 억압과 명령을 협조로 바꾸고, 지위에 대한 복종을 책임으로 대체하는 과업을 수행합니다. 그리고 '지위로부터의 권한' 을 '성과에 기초한 권한' 으로 바꾸는 일을 합니다.

드러커는 "성공적인 리더는 '내가 하고자 하는 것은 무엇인가?' 라고 질문하지 않는다. 그들은 '마땅히 해야 할 일은 무엇인가?' 라고 묻는다."고 했습니다. 그렇다면 그가 남긴 유업은 과연 경영학일까요? 삶을 바꾸는 일일까요?

깊이 생각해 보면 경영이란 삶의 수준을 높이는 일입니다. 그 점에서 드러커는 케인스가 경제학에서, 에드워드 데밍이 품질에서 차지하는 만큼의 비중을 경영학에서 차지하고 있습니다. 『하프 타임』의 저자이자 또 TV를 통해 선교활동을 하는 로버트 버포드는 이런 논평을 했습니다.

"자유사회가 독재를 무너뜨리는 데 있어 드러커는 다른 어떤 사람이 한 것만큼이나 큰 공헌을 했다. 자유사회가 제대로 기능을 발휘하기 위해서는 우리는 높은 성과를 내는 자율적인 조직들이 널리 확산되도록 노력해야 한다. 그렇지 않으면 유일한 대안은 전체주의가 등장하는 것뿐이다. 훌륭한 조직들의 생존과 성공은 우수한 경영 능력에 직접적으로 달려 있는데, 지난 50년 동안 우리가 효과적인 경영방법을 이해하게 되는 데 있어 피터 드러커보다도 더 큰 공헌을 한 사람은 없다. 윈스턴 처칠은 자유세계를 구했다. 그러나 피터 드러커는 자유세계가 작동하도록 하는 방법을 우리들에게 제시했다."

요컨대 드러커는 "굶주린 배는 악마의 놀이터가 된다."는 사실을 일찍이 경험하고는 사람들이 굶주리지 않도록 현대 경영학을 창시했던 것입니다.

 Tip

> 드러커의 소망은 인간이 지상에서, 자유 평등한 사회에서, 물질적으로 정신적으로 풍요롭게 사는 것입니다. 종교는 인간의 정신적 삶을 바꾸고, 경영은 인간의 물질적 삶을 바꾸는 것입니다. 정치는 권력을 민주화하고, 기업은 부(富)를 민주화합니다.

마지막 교훈

마지막으로 드러커에게서 배울 점 한 가지는 '현대 경영학의 아버지 혹은 창시자'라는 말을 듣는 그가 스스로 도그마에 빠지지 않았다는 것입니다. 나는 드러커에게 자신의 경영사상의 후계자는 누구인지 물은 적이 있습니다. 이에 대해 드러커는 짧게 "아니요."라고 대답했습니다.

드러커는 『기업가정신』에서 제퍼슨과 괴테의 말을 인용했습니다.

"토머스 제퍼슨은 자신의 긴 생애를 마감할 무렵 '어느 세대나 그 세대를 위한 새로운 혁명을 필요로 한다.'고 결론을 내렸다. 같은 시대, 독일의 위대한 시인 괴테도, 비록 극단적인 보수주의자였지만, 그가 만년에 읊은 시에서는 제퍼슨과 같은 심정을 토로했다. '한때는 그다지도 합리적이었던 것이 이제는 무의미해지고, 은혜는 재앙의 씨앗이 될지니.' 제퍼슨과 괴테 둘 다 계몽주의와 프랑스혁명의 유산에 대해 그들 세대가 품고 있는 환멸을 이런 식으로 표현했다. (중략) 게다가 우리는 또한 이론, 가치, 그리고 인간의 마음과 손이 만들어 낸 모든 가공품은 늙고 경직되며 진부화되고 결국 '재앙의 씨앗'이 된다는 것도 알고 있다. 따라서 '혁신과 기업가정신'은 경제에서 필요한 것만큼 사회에서도 필요하고, 기업에서 필요한 것만큼 공공 서비스기관에서도 필요하다."

드러커는 다른 사람들에 의해 자신이 오해를 받거나 상업적으로 이용되는 것을 철저히 거부했습니다. 내가 인터뷰 도중 혹시 드러커의 주장과 일치되는 전략이나 행동을 하는 한국의 기업이 있느냐고 질문했을 때 그는 단호하게 "나는 그런 부분은 알지 못하므로 나의 이름과 연결시키지 마세요."라며 선을 그었습니다.

전직 군 장성으로 1975년부터 드러커 경영대학원에서 박사학위 과정을 밟은 윌리엄 코헨(William Cohen) 역시 나와 유사한 경험을 자신의 저서 『드러커와의 강의(A Class with Drucker)』에 기록했습니다. 대학원 시절 코헨은 신입생들과 만나는 자리에서 농담조로 자기 자신을 이렇게 소개했다고 합니다.

"반갑습니다. 저는 빌 드러커입니다. 피터 드러커의 아들이지요."

마침 드러커는 옆자리에서 다른 학생들과 이야기를 하던 중이었는데, 다른 학생과 대화를 끝내고 천천히 고개를 돌려 윌리엄에게 말했습니다.

"빌, 자네가 내 아들일지는 모르지만, 난 자네 아버지가 아니라네."

윌리엄은 드러커와 아들과 같은 관계를 맺고 싶어서 그런 식으로 말을 했다고 설명했지만 드러커는 이렇게 말을 마무리 했습니다.

"자신이 들은 정보를 비밀에 부칠 줄 모르는 사람에게 미래 의도를 터놓는 것은 부주의한 행동이라네. 그건 자네 잘못이고 또 문제가 생기면 책임도 져야 하네. 우리가 뱉은 말뿐 아니라 우리가 했거나 하지 않은 조치와 결정도 모두 우리가 책임져야 한다네."

성공회 신자였던 드러커는 "너희에게 예언하는 거짓 선지자들을 믿지 말라. 그들이 말하는 묵시는 자기 마음으로 말미암은 것이요. 여호와의 입에서 나온 것이 아니니라."라는 예레미아의 말처럼(예: 23:16) 자신이 거짓 선지자가 되어서는 안 된다는 것을 알고 있었던 것입니다. 드러커는 강의를 했고, 여러 권의 책을 남겼으며, 또 컨설팅을 했으므로 그의 제자들과 컨설팅 고객들, 그리고 드러커를 만나거나 책을 읽고 영향을 받은 사람들은 어마어마하게 많습니다. 그러나 그는 한 번도 지적 후계자를 지명하지 않았습니다. 드러커에게서 배운 모든 사람이 곧 그의 후계자라는 뜻입니다.

Tip

조금 비약하자면, 드러커는 자신의 생각과 이론과 주장도 결국 혁신의 대상이 되고, 마치 자신이 프레드릭 테일러를 재평가하고 또한 테일러를 초월했듯이, 누군가 경영학에도 기업가정신을 가진 사람이 나타나 새로운 현실에 적합한 새로운 생각과 이론과 주장이 나와야 한다는 것을 드러커는 암시한 것이 아닐까 추정해 봅니다.

"한 시대에는 그 시대의 예술을, 예술에는 자유를"이라고 주장한 빈의 분리파처럼, 드러커는 철도에서 인터넷까지, 즉 산업사회에서 지식사회의 초기에 이르기까지 자신의 이론과 통찰이 적합하겠지만, 그 후에는 새로운 통찰이 필요하다고 스스로 말하는 것이 아닐까요?

우리는 드러커를 배워야 하겠지만, 결국 드러커를 초월해야 합니다. 그것은 드러커에게서 배울 마지막 교훈입니다.

기업이나 정부의 활동이 아닌 사회부문 혹은 제3부문의 활동에 관심이 있다면 『비영리단체의 경영』을, 미래 사회가 어떻게 전개될 것인지에 대해 관심이 있다면『자본주의 이후의 사회』와 『넥스트 소사이어티』를, 지식사회의 기업 경영에 관심을 두고 있다면 『21세기 지식경영』을, 그리고 전문가가 되고 싶은 사람은 『프로페셔널의 조건』을 읽어 보기 바랍니다. 그리고 드러커의 삶에 관심이 있는 분은 내가 쓴 『피터 드러커의 인생경영』을 권합니다. 그리고 드러커의 초기 저술에 대해 깊이 공부하고자 할 때는 『피터 드러커 현대 경영의 정신』을 참조하시기 바랍니다.

피터 드러커와의 대담

이재규 : 박사님 자신은 후대에게 어떻게 기억되기를 바랍니까?

드러커 : 자신들의 목표를 설정하고 또 그것을 달성하도록 도와준 사람이지요.

이재규 : 박사님은 베르디가 여든에 오페라 〈팔스타프〉를 작곡한 것에 놀랐다고 하셨지만,
저는 아흔셋에도 정정하게 강의를 하고 집필하시는 모습에 놀랐습니다.
지금까지 저술하신 책 중에 가장 훌륭한 책으로 꼽을 수 있는 건 어떤 책일까요?

드러커 : 가장 좋은 책은 '다음에 나올 책'이지요.

　　다음은 1998년 12월 28일에 한 신문사의 신년 대담을 위해 드러커 박사와 인터뷰한 내용입니다.

　　이재규 : 드러커 박사님 안녕하십니까? 올해도 여전히 건강한 모습을 뵙게 되어 반갑습니다. 먼저 21세기를 만드는 동인이랄까 전환기의 촉매제 역할을 하는 요소들에 대해 말씀해 주시지요.

　　드러커 : 사실 인생살이에 관련된 것에 대해, 그것이 종교적이든, 사회적이든, 경제적이든, 그리고 기업이든 간에 미래를 예측하려고 노력하는 것은 부질없는 일이지요. 간단한 예를 들어 1997년 말의 모습과 1년 후인 지금의 현실을 비교해 보면 예측이란 게 얼마나 빗나가는 것인가를 알 수 있지요. 그래서 나는 예언이나 예측이라는 말을 싫어해요. 그러나 이미 일어난 어쩔 수 없는 주요 사건을 확인하는 것, 그리고 그것 때문에 앞으로 10년 또는 20년 안에 무엇이 일어날지 파악하는 것은 가능한 일일 뿐만 아니라, 해 볼 만한 가치도 있는 작업입니다. 다른 말로 표현하면, '이미 일어난 미래'를 확인하고 준비하는 일은 가능합니다.

　　이재규 : 사회와 관련하여 '이미 일어난 미래'는 어떤 것이 있나요?

　　드러커 : 앞으로 20년 내, 기업이 치명적인 영향을 미칠 주요 요소는 지난 50여 년간 우리가 늘 걱정해 왔던 것과는 달리 "세계의 인구가 너무 많다."는 사실이 아닐 것입니다. 오히려 그것은 선진국

들, 예를 들어 일본, 유럽 각국, 그리고 북미에서 "인구가 점점 더 줄어든다."는 사실일 것입니다. 다른 말로 표현하면, 21세기 초반 25년간 선진국의 인구 감소 현상은 이미 일어난 현상입니다. 따라서 그것은 사회적으로 중요한 암시를 해 줍니다. 모든 선진국에서 실질적으로 사람들이 전혀 일을 하지 않는 연령, 즉 은퇴연령이 건강한 사람의 경우 일흔다섯 살까지 올라갈 것이고, 은퇴연령에 도달한 사람들이 그 사회에서 다수를 차지하게 된다는 것입니다. 한국도 고령화 사회에 대해 준비해야 할 것입니다.

이재규 : 인구변화가 경제적으로 그리고 기업에 미치는 영향은 무엇입니까?

드러커 : 어떤 나라도, 어떤 산업도, 혹은 어떤 기업도 앞으로 장기적인 경쟁우위를 갖지 못할 것입니다. 그 이유는 투자자본도 기술도 장기간 확대되는 인구자원의 불균형을 보충할 수 없기 때문입니다. 예를 들면 두 차례에 걸친 세계대전을 치르는 동안 주로 미국에서 개발된 교육훈련방법은 공업화 이전의 사회와 미숙련 노동자들의 생산성을 거의 무시할 정도로 짧은 시간 내에 세계 최고의 수준으로 끌어올릴 수 있었습니다. 그 좋은 예가 30여 년 전의 한국과 지금의 동남아의 개발도상국들입니다. 최신 기술도 당연히 공개된 시장에서 꽤 싼값으로 구입할 수 있지요.

이재규 : 한국 경제는 노동과 자본의 투입으로 더 이상 성장할 수 없고 앞으로 지식생산성 향상이 가장 중요한 과제라고 해도 좋겠군요.

드러커 : 그렇습니다. 선진국들과의 경쟁에 있어 어떤 국가가 보유

한 유일한 비교우위는 지식근로자의 공급 여부에 달려 있습니다. 그것은 인적자원의 질적인 우위가 아닙니다. 무슨 말인가 하면, 신흥국가의 교육받은 사람들은 모든 점에서 선진국의 인적자원만큼이나 지식수준이 높습니다. 그러나 양적으로 보면, 선진국의 지식근로자의 숫자는 신흥국가와 비교하면 엄청나게 많습니다. 이런 양적인 차이를 질적인 우위로 전환하는 것이 바로 선진국이 경쟁력을 유지하는 하나의, 아마도 유일한 방법일 것입니다. 이것은 지식의 생산성과 지식근로자의 생산성을 향상하기 위해 지속적이고도 체계적인 노력을 기울여야 한다는 것을 의미하는데, 아직도 이 부분은 무시되고 있고 매우 낮은 수준에 있습니다.

한국도 근육과 땀으로 달성할 수 있는 것은 모두 달성했습니다. 지금부터는 한국이 가진 지식의 생산성과 지식근로자의 생산성 향상이 경제성장에 가장 중요합니다.

이재규 : 20세기 초 스탠더드오일트러스트(Standard Oil Company and Trust)가 해제될 때 존 록펠러가 한 예측, 즉 "합병은 지속될 것이다."라는 말이 들어맞는다고나 할까요? 지금 전 세계적으로 거의 모든 산업에 걸쳐 거대합병의 파도가 밀려오는 듯합니다. 그 배경이나 이유가 무엇인가요?

드러커 : 엑슨과 모빌, BP와 아모코 등 석유산업의 합병 이유는 비록 규모가 가장 크고 그리고 최대로 강력한 석유회사라 하더라도 충분한 이윤을 확보하지 못하기 때문이지요. 그것은 선진국의 경우, GNP에 대한 에너지 소비비율이 꾸준히 내려가고 있는 반면, 에너

지의 생산과 석유 비축량은 급격히 증가하고 있기 때문입니다.

정보산업마저도 성숙기에 접어들고 있다는 조짐이 나타나고 있습니다. 정보산업도 인구 증가율이나 경제성장률 이상으로 빨리 성장하지 않고 있습니다.

자동차 산업, 상업은행과 투자은행, 가전제품, 제약업, 석유산업들은 제2차 세계대전 이후 40여 년간 대부분 성장산업이었습니다. 이런 전통적 산업이 인구성장률이나 경제성장률보다 빨리 성장하지 못한다는 것은, 상대적으로 말해 전통적 산업은 진정 쇠퇴한다는 것을 의미하지만, 절대적인 관점에서 보면 선진국에서는 경제구조가 근본적으로 변하고 있음을 보여 주고 있는 것이지요.

이재규 : 박사님이 주장하셨듯이 기업의 합병이란 기업의 강점을 더욱 강화하려는 것이 그 목적인데, 지금 진행되고 있는 거대합병의 특징은 무엇일까요?

드러커 : 지금 세계적으로 일어나고 있는 합병은 당연히 강점을 창조할 수 없습니다. 비록 합병이 성공적으로 진행된다 해도 합병의 시너지 효과를 보기까지는 대부분의 합병 사례는 수년의 세월이 흘러야 할 것입니다. 그동안 합병 당사자들인 회사들은 퇴보의 속도를 줄이기 위해 온갖 노력을 다 기울이게 될 것입니다. 아마도 합병을 당하지 않으려는 방어적 조치가 고통스럽고도 격렬하게 일어나게 될 것입니다. 물론 합병된 회사는 그 전의 개별회사들보다는 훨씬

큽니다. 규모 면에서 보면 말입니다. 그러나 이런 합병은 2 더하기 2가 5를 만드는 식이 아니라, 기껏해야 3밖에 만들지 못합니다. 왜냐하면 합병된 회사들은 모두 과거(합병 압력을 받기 전)보다 힘이 떨어졌고, 시장지위도 낮아졌기 때문이지요. 다시 말해 모든 산업에 있어 공급이 수요를 초과하여 선진국 시민들의 소득수준에 비해 모든 산업의 제품의 가격이 상대적으로 낮아졌다는 것이지요.

가장 좋은 예가 자동차산업입니다. 미국의 인구는 지난 40여 년 동안 거의 50퍼센트나 증가했고, 미국의 부(富)는 두 배나 늘었습니다. 그럼에도 불구하고 미국에서 자동차의 판매 대수는 정확하게 40여 년 전과 비교하여 별로 달라지지 않았습니다. 다시 말해 연간 1,500만 대 수준을 유지하고 있습니다. 그러므로 오늘날 미국인의 가처분 소득에서 자동차에 쓰이는 비율은 40여 년 전의 그것과 비교하면 절반을 크게 넘지 않습니다. 앞으로도 그 비율은 줄면 줄었지 늘어나지는 않을 것입니다. 지금 미국의 소비자들 대부분은 40여 년 전과 비교하면 새 차에 대해 좀 더 많은 값을 치를 용의가 있습니다. 그리고 그들은 과거보다 자동차를 새 차와 교환하거나 새 차를 사기 전까지, 거의 두 배나 오래 사용하고 있습니다. 그것은 미국의 소비자가 자동차를 소유하고 사용하는 데 드는 연평균 비용이 40여 년 전과 비교하면 절반 수준이라는 것을 의미합니다. 이런 추세는 유럽이나 일본 등 선진국뿐만 아니라 한국도 마찬가지일 것입니다(오늘날 미국의 자동차 회사 빅3와 일본의 도요타 등 전 세계적으로 자동차 산업이 몰락한 것을 1998년에 이미 예견했던 것입니다—저자 주).

이재규 : 자동차산업에 대한 전망을 해 주셨는데 금융산업의 미래는 어떻습니까?

드러커 : 금융산업이 오늘날 가장 뛰어난 성장산업인 것은 분명합니다. 그러나 성장하는 금융기관은 은행이 아니라 비은행 금융기관(non bank financial service)입니다. 연금기금(pension fund)이 그 한 예이지요. 이들 기관은 이자(interest)를 부과하는 것이 아니라 수수료(fee)만 받습니다. 새로운 전자미디어, 즉 인터넷에 의해 상업은행만큼 근본적으로 변하게 될 산업도 없습니다. 인터넷은 앞으로 10년 또는 15년 이내 상업은행의 지점업무를 빼앗아 갈 것이고, 전통적인 상업은행이 지출하는 비용에 비하면 거의 무시할 정도의 비용으로 은행을 운영할 수 있게 할 것입니다.

통계적으로 보면, 현재 미국의 상업은행은 40여 년 전과 비교하여 미국 경제가 필요로 하는 자금 수요의 3분의 1 미만을 공급하고 있습니다. 그리고 미국에서와 마찬가지로, 유럽에서도 자금시장에서 상업은행이 차지하는 비율 그리고 금융산업에서 차지하는 비율은 점차 줄어들고 있습니다. 내 생각으로 일본 금융기관의 위기는 일본 은행들이 1980년대에, 다시 말해 거품시대에 처음부터 막무가내식으로 투기를 했기 때문에 발생한 것이 아닙니다. 그것은 일본

은행들이 무분별한 대출을 했기 때문입니다. 왜냐하면 그들은 합리적인 채무자, 즉 신용도가 높은 기업들을 찾지 못했기 때문에 그들이 가진 자금에 대한 수익성을 확보하기 위해서 결국 투기를 하지 않을 수 없었지요. 그 투기는 성공하지 못했습니다. 그것이 바로 15년 전 미국의 저축대부은행(Savings & Loan Banks)이 겪은 참담한 위기의 원인이기도 합니다. (드러커는 오늘날 미국의 서브프라임 위기도 짐작했던 것입니다.―저자 주)

이재규 : 은행들의 투기에 관해 말씀해 주셨는데 앞으로 외환투기가 기업에 미치는 영향은 어떨까요?

드러커 : 정말이지 이제 돈과 정보는 국경도 국적도 구분하지 않습니다. 특히 국제투기자금의 이동은 어떤 국가의 중앙은행도 막을 수 없습니다. 따라서 기업, 특히 수출입이 많은 기업은 늘 환위험에 노출되어 있다고 할 수 있습니다. 제조업의 경우 단 하루의 평가손실로 과거 5년간 순이익을 날려 버릴 수도 있지요. 정부 간에 국제 단기자금의 폐해를 막을 장치를 마련하는 것도 고려할 수 있지만, 결국 개별 기업이 위험을 부담해야 합니다. 19세기의 경험이 증명하듯이, 투기 때문에 비교적 짧은 기간 안에 자신의 위치를 상실한 기업들이 많습니다. 예를 들면 스미토모 금속이 동(銅)시장 투기에 실패하여 큰 손실을 입었고, 미국은행 뱅커스 트러스트(Bankers Trust)는 온갖 종류의 파생금융상품을 개발했지만 스스로 지탱할 수 없어 최근 독일 은행인 도이치뱅크(Deutsche Bank)에 흡수당하는 신세가 되었습니다.

이재규 : 박사님의 뜻을 잇기 위해 설립된 드러커 비영리재단이 출판한 미래서적 시리즈, 즉『미래의 지도자』『미래의 조직』『미래의 공동체』가 독자에게 큰 반응을 일으키고 있는데, 각 책의 핵심적인 메시지에 대해 말씀해 주시지요.

드러커 : 먼저 미래의 지도자는 분명 권위주의적 카리스마형이 아니라는 점을 지적하고 싶습니다. 지금 한국을 포함하여 선진국은 지식사회가 되었습니다. 따라서 정치·사회·경제·기업 모든 분야에 과거처럼 지시·명령하는 사람 따로, 복종하는 사람 따로 식의 계층구조는 무너졌습니다.

이에 빨리 적응하는가의 여부에 따라 조직의 성과도 달라집니다. 내가 자주 인용하는 오케스트라 조직처럼 이제 중간관리자, 다시 말해 정보를 독점하고 조작하는 기능을 가진 사람은 사라지고 오케스트라 단원이 악보를 공유하는 것처럼 조직의 모든 구성원은 정보를 공유해야 합니다. 상상해 보세요. 어떤 조직은 구성원이 정보를 공유하고, 또 다른 조직은 중간관리자가 정보를 컨트롤한다고 합시다. 전자가 경쟁에서 이기는 것은 뻔하지요.

이재규 : 지난해 말 저는『미래의 조직』을 번역했고, 또 그것으로 독자들과 독서토론도 했습니다. 미래 조직의 모습을 한마디로 요약하면, 조직목적에 적합한 조직구조를 설정하고 조직전략을 수행해야 한다고 요약해도 좋을는지요?

드러커 : 과거 100여 년 이상 동안, 미국에서는 J. P. 모건과 존 록

펠러에서부터, 독일의 게오르그 지멘스(Georg Siemens), 그리고 프랑스의 앙리 페이욜(Henry Fayol)에 이르기까지, 그리고 GM의 앨프레드 슬론을 거쳐 최근 유행하는 팀조직에서 보는 바와 같이, 우리는 우리들이 근무하는 기업에 대해 '단 하나의 가장 적합한 조직'을 찾으려고 노력해 왔습니다. 더 이상 그런 것은 있을 수 없습니다. 세상에는 다만 각각 그 조직 목적에 맞는 '조직들(many organizations)'이 존재합니다. 제조회사의 공장, 성당이나 교회, 그리고 교외의 전원주택이 모두 '건물들'이라고 불리지만 내용은 서로 엄청나게 다른 것처럼 말입니다. 선진국의 여러 조직들은 구체적인 과업·기간·장소, 또는 문화에 적합하게 구성되어야만 할 것입니다.

조직의 목적은 조직을 구성하고 있는 사람들의 강점을 효과적으로 활용하는 한편, 사람들의 약점을 약화시키는 것이 되지 않으면 안 됩니다. 사실 그것은 오직 조직만이 할 수 있는 역할이지요. 이것은 우리가 조직을 갖고 있고 또한 조직을 원하는 이유이기도 합니다. 물론 모든 기업은 '문제들'을 해결해야 합니다. 문제들이란 그 속성상 지금과 같은 전환기일수록 더욱더 늘어나지요. 문제해결에 필요한 지식의 본질과 내용 모두가 끊임없이 그리고 예측 불가능한 방향으로 변하게 됨에 따라 세계 경제는 갑작스런 이동을 맞게 될 수도 있습니다.

그러나 살아남는 기업, 그리고 성장하는 기업은 전환의 시대(period of transition)를 기회의 시기(time of opportunity)로 보는 기업들입니다. 따라서 한국의 모든 기업들 그리고 모든 경영자들은 새로운 기회를 찾기 시작할 때가 왔으며, 새로운 전략을 수용할 때가 왔음을 알아야 합니다.

이재규 :『미래의 공동체』에서는 영리조직인 기업이 오히려 비영리조직의 경영에서 배울 점이 많다고 조언하신 걸로 압니다.

드러커 : 20여 년 전만 하더라도 경영이라는 단어는 비영리조직에 근무하는 사람들에게는 불결한 의미로 여겨졌습니다. 경영은 곧 영리를 의미했습니다. 비영리단체는 그들 스스로가 상업주의에 물들지 않음을, 그리고 이익을 낸다고 하는 세속적인 고려를 초월한다는 점을 자랑스럽게 여겼지요. 지금 비영리단체들 대부분은 그들이 오히려 기업보다 더 경영을 필요로 하고 있음을 알게 되었습니다. 물론 비영리단체들은 여전히 '선한 행위'를 실천하기 위해 존재합니

다. 그러나 비영리단체들도 이제는 '선한 의도'가 조직과 리더십, 그리고 책임과 성과와 결과를 대신할 수 없다는 것을 인식하게 되었습니다. 그런 것들을 달성하기 위해서는 경영이 있어야 하고, 그리고 또한 경영은 조직의 사명을 완수하기 위해 존재합니다.

이재규 : 그것이 21세기의 인간의 삶과 어떤 관계가 있습니까?

드러커 : 비영리단체들은 종종 "우리는 자원봉사자들에게 보수를 지급하지 않는다. 따라서 우리는 그들에게 무엇을 요구할 수 없다."고 말합니다. 지금 그들은 아마도 이렇게 말할 것입니다. "자원봉사자들은, 정확해 말해, 보수를 받지 않는 바로 그 이유 때문에 그들이 이뤄 낸 성취에 대해 한층 더 큰 만족감을 느끼지 않으면 안 되고, 또한 더 많은 공헌을 하지 않으면 안 된다."

이런 무급 봉사자들은 무엇을 요구하는가? 무엇이 그들로 하여금 계속 그 일을 하도록 하는가? 그리고 물론 그들은 언제라도 그 일을 그만둘 수도 있는데 말입니다. 그들의 최초이자 가장 중요한 요구는 비영리단체가 분명한 사명을 갖고 있어야 한다는 것입니다. 그 사명은 어떤 단체가 해야 할 모든 것을 담고 있어야 합니다.

예를 들면 어느 대규모 지방은행의 여자 부행장은 애가 둘이나 있었는데도, 자연보호연맹의 지역 책임자 자리를 맡아 생태계가 훼손된 곳을 찾고, 매입하고, 그리고 관리하고 있습니다. 내가 그녀에게 왜 이렇게 힘든 과외 일을 하느냐고 물었더니 그녀는 "제가 하는 일이 좋아서 그렇지요. 물론 은행도 나름대로 사명이 있어요. 그러나 은행에서 하는 일이 사회에다 무엇을 공헌하는지 정확히 알기 힘들다고 해야겠지요. 자연보호연맹에서 나는 내가 무엇 때문에 있는지 분명히 안답니다."라고 말했습니다. 자신이 생업으로 하는 업무는 도전의욕이 크지 않고, 성취감도 별로 못 느끼고, 그다지 책임감도 없고, 게다가 사명의식도 없으며, 오직 있는 것이라곤 편의주의뿐이라는 것이지요.

　사람이 산다는 것은 그저 살아 있는 것이 아니라, 자기가 살고 있는 지역사회 또는 공동체가 보다 나은 것이 되도록 공헌해야 하는 것이지요. '공헌할 능력이 있는 자'는 그것을 스스로 잘 수행하는 것이 바로 공동체를 위해 책임을 다하는 것입니다. 21세기가 진정 살아갈 만한 세기가 되기 위해서는 시민사회를 만들고, 정부가 앞장서는 것이 아니라 개인들이 스스로 공동체를 이끌고 나가야 합니다.

　이재규 : 21세기의 세계 정치체제의 윤곽은 대략 어떻게 될까요?

　드러커 : 세계 정치라는 관점에서 보면, 세 가지 트렌드가 동시에 진행될 것이고, 진행의 속도는 더 빨라질 것입니다. 첫째, 정보기술이 급변하고 국제 자금의 이동속도가 빨라지면서 세계화(globalization) 추세가 한층 더 촉진될 것이고, 둘째, EU의 출범, 북미의 단합 그리고 이에 대응한 아시아 국가들의 연합의식이 더욱 강화되어 지역주의(regionalism)가 확산될 것이고, 셋째, 문화, 언어, 종교 등을 중심으로 개별국가와 지역이 "작아도 우리끼리 잘 살아보자."는 민족주의(tribalism)가 강조되는 등 세계 정치체제는 서로 방향이 다른 세 가지

추세가 동시에 일어납니다. 따라서 역설적으로 지리적인 국경이 점점 더 낮아지는 대신에 넘어야 할 국경은 더 많아질 것이므로, 사회, 경제, 경영 측면에서 글로벌 스탠더드(global standard)에 관한 관심이 더욱 높아질 것입니다.

이재규 : 정보기술의 변화와 국제적 이동성 이외에 사회와 기업을 변화시키는 주요 동인은 무엇입니까?

드러커 : 앞으로 20년 내, 사회와 기업에 치명적인 영향을 미칠 주요 요소는 전쟁, 괴질 또는 혜성과의 충돌 등과 같은 돌발 사태를 제외하면, 인구구조의 변화와 지식의 중요성이 증대하는 것입니다. 먼저 선진국들은 지금 국민들이 집단적으로 자살을 하고 있는 것이나 마찬가지예요. 주민들은 지역사회를 유지하는 데 필요한 만큼 아이들을 출산하지 않고 있는데, 그 이유는 늘어나는 노년 인구와 비근로 인구의 부양비용을 더 이상 감당할 수가 없기 때문입니다. 늘어나는 비용을 감당하기 위해서는 자식을 덜 낳거나 아예 '무자식이 상팔자' 라는 생각을 갖게 되지요.

이제 경제성장은 사람들을 더 많이 일터로 보내는 것만으로는 달성할 수 없습니다. 노동이나 자본과 같은 전통적인 생산요소의 투입이 과거만큼 산출을 증가시키지 못합니다. 또한 수요의 증가로 경제성장을 유발할 수도 없습니다. 경제성장은 지식의 생산성, 다시 말해 지식작업의 생산성과 지식근로자의 생산성을 증가시키고 그리고 꾸준히 유지함으로써만 가능합니다.

이재규 : 지금 한국에서도 방금 말씀해 주신 생산요소로서의 지식

그 자체 그리고 지식경영에 관해 관심이 높은데 지식사회의 생산요소로서 지식의 속성은 어떤 것입니까?

　　드러커 : 지식은 다른 전통적 자원들, 예를 들어 토지, 자본, 노동과는 분명히 다른 점이 두 가지 있습니다. 첫째, 지식은 그 자체로 끊임없이 진부화되는 속성이 있습니다. 비록 오늘날에는 첨단지식이라 하더라도 내일이면 한물간 것이 되고 맙니다. 지식이 중요한 이유는 그 변화가 빠르고, 중심의 이동이 갑작스럽다는 데 있지요. 예를 들면 건강산업 분야에서는 그 중심이 약역학에서 유전학으로 이동했고, 컴퓨터 산업의 중심은 PC에서 인터넷으로 이동했습니다.

　　둘째, 지식은 자원을 쉽게 이동시킵니다. 지식근로자는 제조업의 육체노동자와 달리 생산수단을 스스로 보유하고 있지요. 무슨 말인가 하면 지식근로자들은 필요로 하는 지식을 그들의 머릿속에 갖고 있기 때문에 생산수단과 함께 이동할 수가 있습니다. 동시에 조직이 필요로 하는 지식의 내용은 끊임없이 변할 것이므로 차츰 조직들은 전통적인 의미로 '관리될 수 없는(cannot be managed)' 사람들로 구성될 것입니다. 많은 경우 그들은 그들이 종사하고 있는 조직의 종업원이 아닙니다. 하청계약자, 전문가, 경영컨설턴트, 임시직, 조인트벤처 참가자 등입니다. 이런 사람들은 자신들에게 보수를 지급하는 조직에 의해서라기보다는 그들이 갖고 있는 지식을 근거로 자신들의 정체성을 확인하게 될 것입니다.

　　이재규 : 지금 한국은 IMF의 구제금융을 받은 지 1년째 되고 있는데, 사회적으로 침체해 있는 것은 말할 것도 없고, 한국의 대기업들

은 전례 없는 구조조정기를 맞고 있습니다. 이런 전환기의 새로운 기업전략을 말씀해 주시지요.

　　드러커 : 한국 대기업의 구체적인 상황은 잘 모르겠습니다만, 선진국이 부딪치고 있는 것과 같은 전환기는 한편으로는 전정 혼란의 시기이고 불확실성의 시대입니다. 그러나 다른 한편으로 보면, 그것은 또한 엄청난 기회의 시대이기도 하지요. 이 지구상의 모든 선두기업들은 사실상 혼란의 시대에 출발했고, 그런 혼란의 시대가 제공하는 기회를 확인하고 그것을 잘 활용함으로서 그들은 성장과 성공을 맛보았습니다.

　　따라서 다음과 같은 것을 예측할 수 있을 것입니다. 지금부터 10년 또는 15년 뒤, 그때쯤이면 한국을 포함하여 모든 선진국에서 새로운 '승자들'을 보게 될 텐데, 그들 가운데 많은 기업들은 지금과는 전혀 새로운 사업을 하고 있을 것입니다. 그러나 이러한 전환의 시기에 성장하고 이익을 내기 위해서는 지난 40여 년간 성공적이었던 전략과는 전혀 다른 '새로운 전략'을 구사하지 않으면 안 됩니다. 새로운 전략이라고 해서 그 자체가 어려울 필요는 없지만 과거의 것과는 분명히 달라야 합니다.

　　이재규 : 남다른 전략을 세우기 위해서 기업은 과거와는 다른 새로운 정보가 필요할 텐데, 어떤 정보가 더욱 중요할까요?

　　드러커 : 우리는 지난 수년 동안 전통적인 정보를 개선하는 데 노

력을 집중해 왔습니다. 전통적 정보란 전적으로 거의 '조직 내부'에서 발생하는 정보입니다. 예를 들어 회계학은 전통적인 정보시스템이면서 아직도 모든 경영자가 의존하는 정보로서 기업 내에서 발생한 활동을 숫자로 기록하는 것입니다. 최근 일어나고 있는 회계학의 변화, 예를 들어 활동기준원가(ABC), 경제적 부가가치(EVA) 등은 여전히 회사 내부의 활동에 대해 더 나은 정보를 제공하려는 것입니다. 사실상 어떤 조직이 수집하는 자료들 가운데 대략 90% 또는 그 이상이 내부활동에 관한 정보입니다.

그러나 앞으로 성과를 올리는 전략을 수립하기 위해서는 어떤 조직의 외부활동과 환경변화에 대한 정보를 점점 더 필요로 할 것입니다. 예를 들면, 회사와 거래를 하고 있지 않는 비고객(noncustomer), 기업이 또는 경쟁자가 현재 사용하고 있지 않는 기술, 현재 진입하지 않고 있는 지식 분야에 대한 정보가 있어야 최고의 성과를 내는 곳에 지식을 배분할 수 있게 됩니다. 이런 정보들이 있어야 기업은 세계 경제에서, 그리고 지식 그 자체의 본질과 내용에서 갑작스런 이동이 일어날 때 발생하는 새로운 변화와 도전에 대해 준비할 수 있습니다. 외부정보의 수립과 분석을 위한 적절한 방법을 개발하는 것은 앞으로 기업이, 그리고 정보전문가가 해결해야 할 주요한 도전이 될 것입니다.

이재규 : 21세기의 사회의 모습을 간단히 표현하여 무엇이라고 할 수 있을까요? 마지막으로 20세기의 마지막 해인 올해, 그리고 2000년을 어떻게 맞이해야 할까요?

드러커 : 19세기는 스탠더드오일트러스트, 철도산업 등 대기업이 힘을 발휘했던 거대 기업의 시대(age of enterprise)였고, 20세기는 정부가 국민과 사회를 이끌고 갔던 정부의 시대(age of government) 였으나, 21세기는 공동체의 시대(age of community)가 될 것입니다. 물론 전자공동체(electronic community)라는 개념도 포함해서 말입니다.

지식사회의 지식근로자는 직장에서 하는 작업 외에 공동체와 지역사회의 발전을 위해 스스로 하는 무보수 자원봉사활동을 통해 소속감과 행복감을 느낄 것입니다. 그래야만 지역사회가 통합되고 유지될 수 있습니다.

1999년과 2000년, 이 두 해는 20세기를 마감하고 21세기를 여는 해이며, 진정 새로운 밀레니엄(1000년)의 시작이지 단순히 새로운 센추리(100년)가 열리는 평범한 해가 아닙니다. 다시 말해 1999년과 2000년은 남다르게 생각하고 남과는 다르게 보고 남달리 행동하기 시작하는 시기입니다. 이 두 해는 한국 기업들이 이미 하고 있는, 그리고 앞으로 새로 하게 될 사업이 성공하기 위한 새로운 시대의 첫걸음이 되어야만 할 것입니다.

인터뷰를 마친 뒤, 우리들 일행은 드러커 박사가 이미 예약해 놓은 식당으로 갔습니다. 웨이터가 박사님을 보고 "Happy New Year!"라고 인사를 하자, 드러커 박사는 손목시계를 보고 11시 55분인 것을 확인하고는 "Good Morning!"이라고 답했습니다. 박사는

각종 해산물과 야채를 곁들인 샐러드 그리고 붉은 포도주 한 잔을
시켰습니다. 점심시간은 거의 두 시간이나 이어졌는데 박사님은 자
신의 과거 이야기부터 시작했습니다. 아마도 드러커 박사와 만난 어
느 누구도 듣지 못한 재미있는 이야기였다고 생각합니다.

"요즘은 글로벌이나 인터내셔널이라는 말 그리고 세계여행이 너
무나 흔하지만 제1차 세계대전이 끝나고 그러니까 내가 열 살 때 외
교관인 아버지를 따라 스페인에 갔는데 그 당시 오스트리아 인으로
스페인을 방문한 사람은 왕족(Royal Families)을 제외하고는 나 밖
에 없었어요."

그리고 내가 "지금 시점에 가장 중요한 것은 무엇입니까?" 하고 물
었더니 드러커 박사는 웃으면서 "It is to keep marriage going(거야

물론 이혼 안 당하는 것이죠).”라고 말하며 유쾌하게 웃었습니다. 그러면서 80대 후반인 사모님이 아직도 6시간가량 드라이브를 할 수 있고 테니스와 조깅을 즐긴다고 했습니다.

다음은 2001년 말에 나누었던 대화입니다.

이재규 : 박사님 요즘 어떤 주제로 강의를 하시고, 또 어디에 컨설팅을 하십니까?

드러커 : 나는 요즘 강의나 컨설팅은 줄이고 주로 페루 미술을 공부하고 있습니다.

이재규 : 박사님께서 일본화를 많이 수집했고 또 포모나 대학교에서 동양미술을 강의한 것은 알고 있습니다만, 아흔이 넘은 연세에 페루 미술을 공부해서 뭐하시려고요?

드러커 : 이 교수, 사람이 언제부터 늙는지 압니까?

이재규 : 한국에서는 “환갑진갑 다 지났다.”라는 말이 있는데, 예순부터 늙은이가 되는 것 아닙니까?”

드러커 : 아닙니다. 호기심이 사라질 때부터 늙은이가 되는 겁니다.

이재규 : 박사님의 친구들은 대부분 은퇴하셨는데, 박사님은 언제 은퇴할 생각이십니까?

드러커 : 나는 은퇴할 욕심이 없습니다(I have no desire to retire).

2002년에도 클레어몬트의 그의 자택에서 인터뷰를 했습니다. 벨을 누르자 박사는 기다리고 있었다는 듯 예의 그 굵은 목소리로 “갑니다(I'm coming)."하면서 직접 문을 열어 주었습니다.

　드러커 박사는 수영장이 내다보이는 거실의 소파에 앉을 자리를 정해 주었습니다. 그러고는 주머니에서 조그만 리모콘을 꺼내 계속 만지작거렸습니다. 거실에는 리모콘을 사용해야 할 TV나 오디오가 보이지 않았으므로 나는 그것이 무엇인지 궁금했습니다. 박사님은 싱긋 웃으며 보청기를 조작하는 리모콘이라고 했습니다.

　나는 우리나라에서 갖고 온 청자병 세트를 선물로 내놓았습니다. 밑과 주둥이는 좁은 대신 배가 적당히 나온 것들인데, 하나는 하얀 학들이 세 줄로 아래에서 위로 올라가는 모습을, 그리고 다른 하나는 국화를 조밀하게 상감(象嵌) 세공한 것이었습니다.

　지난해 우리나라의 경기도 지방에서 대규모 도자기 전시회가 열렸고, 도공들이 전통적인 청자와 백자색을 재현하기 위해 노력하고 있다는 설명을 했더니 드러커 박사는 도자기를 이리저리 들어 보며 좋아했습니다(드러커 박사는 자신이 일찍 관심을 갖지 못해 아쉬워하는 것 가운데 하나가 바로 한국의 도자기라고 말한 적이 있습니다).

　나는 올해 초 KBS에서 방영한 〈TV, 책을 말하다〉의 '피터 드러커의 프로페셔널의 조건' 편이 많은 시청자들로부터 좋은 반응을 얻었다는 말을 시작으로 지난해 12월에는, 박사의 저서에 인용된 유럽의 여러 도시들, 예컨대 박사님의 저서 『새로운 현실』에서 지중해 문화권의 남유럽과 북유럽 문화권인 북유럽을 갈라놓는 분기점이라고 소개한 브레너 고개(Brenner Pass), 『프로페셔널의 조건』에서 재미있게 인용한 베르디의 생가(파르마 인근의 조그만 도시 부세토), 그리고 『자본주의 이후의 사회』에서 새로운 시대를 여는 조짐을 보여준 도시의 징후로 예시한 토스카나 지방의 고도 시에나 등지를 가족과 함께 두루 여행했다고 말씀드렸더니, 황갈색의 고도 시에나를 회상하는 듯 미소를 띠우며 "참으로 멋있는 도시를 구경했군요."라고 했습니다. 이어 우리는 올해 새로 출판할 책 『넥스트 소사이어티』에 대해 이야기를 나누었습니다.

드러커 : 요즘 한국의 경제 사정, 그리고 남북한의 문제는 어떤가요?

이재규 : 올해 한국은 선거가 있는 해이기도 하고, 그다지 좋은 평가를 받고 있는 것은 아닙니다. 하지만 IMF 이후 구조조정 조치가 다소 효과를 나타내면서 GNP 성장 전망은 당초의 예측치인 3퍼센트보다는 높은 수준인 5퍼센트는 될 것으로 보는 외국계 은행이 늘어나고 있고, 국제 신용조사기관들도 신용등급을 곧 상향조정할 것으로 기대하고 있습니다. 그리고 최근에는 소위 햇볕정책에 대한 논란이 일어나고 있습니다.

지난해 9월 11일 뉴욕의 쌍둥이 빌딩 테러 사건 이후 국제관계에 새로운 사태가 전개되고 있는데, 특히 부시 대통령이 북한을 '악의 축(axis of evil)'으로 표현한 후 한반도에서의 전쟁위협에 관한 이야기들이 강도가 높아지고 있습니다. 박사님은 남북한 문제를 어떻게 전망하십니까?

드러커 : 전쟁 위협은 보다 완화되리라고 봅니다. 왜냐하면 지금까지 전쟁의 발발 여부는 전쟁 억지 능력과 반격 능력에 영향을 받았

어요. 전쟁 도발 국가가 상대방 국가를 초기에 철저히 파괴하지 못하고 반격을 받아 그에 상응하는 보복을 당할 것을 예측한다면 어느 나라도 전쟁을 쉽게 일으키지 않겠지요. 그래서 지금까지 대부분 국가는 공격 능력과 방어 능력에 균형을 유지했어요. 그러나 미국이 아프간을 단숨에 파괴한 것에서 알 수 있듯이 지금은 공격 능력이 월등합니다. 과거 소련이 아프간에서 어려움을 겪은 것은 두 나라가 주로 지상전만 했기 때문인데, 지금 미국은 위치정보기술을 이용해서 인도양에 떠 있는 구축함에서 전투기를 띄우므로 인명 피해가 없이 속전속결이 가능하지요.

이재규 : 박사님은 지식사회, 지식근로자, 그리고 지식생산성이라는 말을 처음으로 사용했고, 또 그것이 인구의 변화와 큰 연관이 있다고 지적했습니다. 이 지적은 특히 부존자원이 없는 한국에 큰 의미를 갖습니다. 한국도 주 5일 근무 사회로 접어들고 있고, 또 '보다 열심히 일하기 시대'에서 '보다 현명하게 일하기 시대'로 변하고 있는데, 가장 큰 변화가 일어날 인구분야는 어떤 분야입니까?

드러커 : 그야 물론 노동력의 중심이 완력을 사용하는 육체노동자에서 두뇌를 사용하는 지식근로자로 바뀐다는 것이겠지만, 그것 말고도 고려할 것이 많아요. 노후를 위한 저축이 충분한 노인인구가 급속히 증가한다는 것, 그리고 인구증가율이 감소한다는 것도 사회적으로 대책을 세워야 할 것들이지요. 무엇보다도 한국에서 가장 큰 관심을 가져야 할 문제는 여성 인력이 폭발적으로 증가하는 현상일 거예요. 정보기술이 보편화되고 있는 지식사회에서는, 다시 말해 컴

퓨터 앞에서 머리로 일하는 사회에서는 여성이 오히려 더 적합할지도 모릅니다. 지식근로자란 본질적으로 공부를 많이 했거나, 각종 학위를 소지하고 있는 사람일 필요는 없습니다. 지식근로자는 주어진 과업을 보다 생산성 높게 수행하고 그리고 품질 수준을 높이는 데 기여하는 사람이지요.

이재규 : 새로 나올 책에서 박사님은 앞으로 기술 해독 능력(technology literacy)보다는 정보 해독 능력(information literacy)이 더 중요하다고 강조하셨는데, 간단히 설명해 주시겠습니까?

드러커 : 증기기관의 발명부터 시작하여 인터넷이 발명되기 전까지는, 인류는 기술을 어떻게 이용하여 생산성을 향상할 것인가에 대해 관심을 기울였지요. 그러나 인터넷이 등장한 이후부터는, 다시 말해 두뇌활동을 확장하는 정보기술이 등장한 이후로는, 정보기술 자체를 활용하여 정보를 수집하는 단계를 넘어, 새로 수집된 정보와 자신이 이미 갖고 있는 기존의 지식들을 활용하여 새로운 지식을 창조하는 것이 경쟁우위를 유지하는 요소라는 말입니다.

이재규 : 1993년 박사님이 일본 경단련 초청으로 강연을 할 때, "제2차 대전 후 일본은 두 가지 구체적인 목표, 즉 일본국민이 한솥밥을 먹는다, 그리고 미국을 따라잡는다는 목표가 있었다. 그러나 그것들을 달성한 지금 다음 목표를 설정하지 못하고 있다."라고 말하는 것을 들은 적이 있습니다. 한때는 세계가 일본식 경영방식을 배우자고 야단법석이었는데 최근 일본의 문제가 저렇게 심각하게 된 이유는 무엇입니까? (드러커 박사의 화법의 특징은 문제의 핵심을

간결하게 짚고 나서, 상대방에 따라, 그리고 필요에 따라 그것을 다시 풀어서 설명하는 것입니다.) 그리고 박사님께서 마지막으로 일본을 여행한 것이 언제였습니까?

드러커 : 아마도 1996년이 마지막이 아닌가 해요. 지금 일본의 문제는 경제와 경영의 문제 이전에 정치와 사회문제예요. 일본의 정치인들은 표를 의식해서 의회를 움직여 선거구에다 과다한 보조금을 지급하도록 해요. 결국 생산성이 없는 곳에 자원을 계속 투입하다 보면 달라질 것이 없어요. 또 보조금 가운데 상당 부분은 정치자금과도 관련이 있겠지요. 그리고 선거에 악영향을 미칠 것을 의식하여 기업이 종업원들을 해고하지 못하도록 압력도 넣지요. 사실 수백만 명의 종업원들이 실업자 신세가 되면 일본사회에는 큰 동요가 일어날 겁니다. 이런 것은 경영문제라기보다는 사회문제예요.

이재규 : 박사님은 경영과 사회에 대해 실질적으로 많은 예측을 했음에도 예언(prediction)이라는 단어를 사용하기 싫어하는 이유는 무엇입니까?

드러커 : 자연과학분야에서는 실제로 시간만을 변수로 하여 예측이 가능합니다. 그러나 사회과학분야에서는 어떤 변화가 일어나려면 그 원인들이 먼저 형성되어야 합니다. 예를 들면 19세기까지는 일반 평민들이 사회적 상승이동을 하는 것은 불가능했습니다. 그러나 20세기에 들어서 그것이 가능하게 된 것은 교육 기회가 귀족이나 성직자 외에 평민들에게도 주어졌기 때문입니다. 다시 말해 교육의 보편화라는 사회의 변화가 그 후 사회의 인구통계적 특성에 엄청

난 변화를 초래했지요. 또 다른 좋은 예가 헨리 포드의 모델 T 자동차이지요. 1908년 포드가 대량생산 방식을 도입하여 모델 T를 대당 700달러에 출하하면서 자동차의 가격은 개인의 소득에 비해 상대적으로 낮아질 것이라는 예측이 가능하게 됩니다. 이와 같이 사회현상에는 자연현상 법칙(natural law)과 같은 것은 없습니다. 따라서 사회과학자는 새로운 현실을 초래할 사회적 변화가 무엇인지 파악하는 일이 중요합니다.

이재규 : 한국에서는 공사립을 막론하고 교수의 정년 나이가 예순다섯이고, 간혹 명예교수 자격으로 일흔가량의 교수가 매우 드물게 강의를 하고 있는데, 그런 점에서 박사님은 아흔세 살에도 강의를 하시니 이 분야에서 최고령이라고 해도 될는지요?

드러커 : 그렇지 않아요. 미국에는 아흔이 넘은 교수가 꽤 있어요. 한때 하버드 법대 학장을 지낸 파운드 교수는 샌프란시스코 대학에서 아흔일곱 살이 될 때까지 가르치고 완전히 은퇴를 했는데, 은퇴한 며칠 후 죽었어요. 그게 세상 돌아가는 이치지요.

이재규 : (댁으로 돌아오는 길에 마지막으로 외람되게 보일 수 있는 질문을 했습니다.) 박사님이 어릴 때 필리글리 신부님이 학생에게 한 질문, 그리고 슘페터의 임종 장면에서 박사님의 부친과 슘페터가 나눈 대화, 즉 "당신은 나중에 어떤 사람으로 기억되기를 바랍니까?"라는 것과 관련된 에피소드는 한국의 독자들에게도 좋은 화두가 되고 있습니다(이어령 교수가 고별 강연에서 이 에피소드를 인용한 적이 있습니다). 박사님 자신은 어떻게 기억되기를 바랍니까?

드러커 : 자신들의 목표를 설정하고, 또 그것을 달성할 수 있도록 도와준 사람이지요.

이재규 : 박사님은 주세페 베르디가 여든에 오페라 〈팔스타프〉를 작곡한 것에 대해 놀랐다고 썼지만, 저는 아흔셋의 나이에 이렇게 정정한 모습으로 강의를 하고 또 글을 쓰는 박사님의 모습에 놀랐습니다. 지금까지 집필하신 책 가운데 가장 좋은 책은 어느 것이라고 생각하십니까?

드러커 : 물론 나의 가장 좋은 책은 '다음에 나올 책'이지요. 여행 잘하시길.

피터 드러커의 저서 목록

1. 『프리드리히 율리우스 슈탈 : 보수주의적 국가이론과 역사발전(Friedrich Julius Stahl: Konservative Staatslehre und Geschichtliche Entwicklung)』, 1933
2. 『경제인의 종말 : 전체주의의 기원(The End of Economic Man: The Origins of Totalitarianism)』, 1939
3. 『산업인의 미래(The Future of Industrial Man)』, 1942
4. 『기업의 개념(Concept of the Corporation)』, 1946
5. 『뉴 소사이어티 : 산업질서의 해부(The New Society : The Anatomy of Industrial Order)』, 1950
6. 『경영의 실제(The Practice of Management)』, 1954
7. 『미국의 다음 20년(America's Next Twenty Years)』, 1955
8. 『내일의 이정표 : 새로운 포스트모던 세계에 대한 보고서(Landmarks of Tomorrow : A Report on the New "Post-Modern" World)』, 1957
9. 『기술, 경영, 사회(Technology, Management and Society)』, 1958
10. 『창조하는 경영자(Managing for Results)』, 1964
11. 『자기경영노트-목표를 달성하는 경영자(The Effective Executive)』, 1966
12. 『단절의 시대 : 변화하는 우리 사회를 위한 지침서(The Age of Discontinuity : Guidelines to Our Changing Society)』, 1968
13. 『인간, 아이디어, 정치(Men, Ideas and Politics)』, 1971
14. 『매니지먼트 : 경영의 과업, 책임, 실제(Management : Tasks, Responsibilities, Practices)』, 1973
15. 『보이지 않는 혁명 : 어떻게 연금기금 혁명이 미국에서 일어났는가?(The Unseen Revolution : How Pension Fund Socialism Came to Ameriaca)』, 1976
    * 1977년 개정판 출간.
16. 『경영학 서설(An Introductory View of Management)』, 1977
17. 『경영 사례(Management Cases)』, 1977
18. 『사람과 성과(People and Performance : The Best of Peter Drucker on Management)』, 1977
19. 『방관자의 모험(Adventures of a Bystander)』, 1978
20. 『일본화 평론집(Song of the Brush: Japanese Painting from the Sanso Collection)』, 1979

21. 『격변기의 경영(Managing in Turbulent Times)』, 1980
22. 『새로운 경제학에 대해(Toward the Next Economics and Other Essays)』, 1981
23. 『변모하는 경영자 세계(The Changing World of the Executive)』, 1982
24. 『최후의 가능한 세상(The Last of All Possible Worlds)』, 1982
25. 『선에의 유혹(The Temptation to Do Good)』, 1984
26. 『미래사회를 이끌어가는 기업가정신(Innovation and Entrepreneurship)』, 1985
27. 『경영의 프론티어(The Frontiers of Management)』, 1986
28. 『새로운 현실(The New Realities)』, 1989
29. 『비영리단체의 경영(Managing the Non-Profit Organization)』, 1990
30. 『미래기업: 1990년대와 그 이후(Managing for the Future: The 1990s and Beyond)』, 1992
31. 『생태학적 비전(The Ecological Vision)』, 1993
32. 『자본주의 이후의 사회(Post-Capitalist Society)』, 1993
33. 『미래의 결단(Managing in a Time of Great Change)』, 1995
34. 『아시아에 대한 전망 : 피터 드러커와 이사오 나카우치의 대화(Drucker on Asia : A Dialogue between Peter Drucker and Isao Nakauchi)』, 1997
35. 『자본주의 이후 사회의 지식경영자(Peter Drucker on the Profession of Management)』, 1998
36. 『21세기 지식경영(Management Challenges for the 21st Century)』, 1999
37. 『에센셜 드러커(The Essential Drucker: In One Volume the Best of Sixty Years of Peter Drucker's Essential Writings on Management)』, 2001
   * 원제는 『에센셜 드러커』이지만 일본과 한국에서는 『프로페셔널의 조건』, 『변화리더의 조건』, 『이노베이터의 조건』, 『피터 드러커 미래경영』으로 분리 출판되었다
38. 『넥스트 소사이어티(Managing in the Next Society)』, 2002
39. 『경영의 지배(A Functioning Society: Selections from Sixty-Five Years of Writing on Community, Society and Policy)』, 2003

청소년을 위한 피터 드러커

펴낸날	초판 1쇄 2009년 7월 10일
	초판 8쇄 2020년 11월 27일

지은이	이재규
펴낸이	심만수
펴낸곳	(주)살림출판사
출판등록	1989년 11월 1일 제9-210호

주소	경기도 파주시 광인사길 30
전화	031-955-1350 팩스 031-624-1356
홈페이지	http://www.sallimbooks.com
이메일	book@sallimbooks.com

ISBN   978-89-522-1120-0   03320
살림Friends는 (주)살림출판사의 청소년 브랜드입니다.